演習 保育内容

人間関係
― 基礎的事項の理解と指導法 ―

田代和美
榎本眞実 編著

梅田優子
小倉定枝
片川智子
金澤妙子
金　瑛珠
髙橋優子
髙橋陽子
矢萩恭子
吉岡晶子 共著

建帛社
KENPAKUSHA

はじめに

　この教科書は，幼稚園教育要領・保育所保育指針及び幼保連携型認定こども園教育・保育要領における人との関わりに関する領域「人間関係」，すなわち子どもたちが「他の人々と親しみ，支え合って生活するために，自立心を育て，人と関わる力を養う」ための援助について，あなたが子どもたちの姿に寄り添って考えられるようになってほしいと願い編纂した。

　領域「人間関係」は教科とは違い，日々の生活を子どもたちと共に積み重ねていく中で，子どもたちが自分の力で行動することの充実感を味わい，身近な人と親しみ，支え合って生活できるように援助していくものであり，自分を棚に上げて子どもたちに教えるものではない。どのような援助をすることが子どもにとって最もよいのかを授業内で，また保育の場で考えていくことを通して，あなた自身もこれから子どもたちと共に同じ方向で育っていくことが必要なのである。

　人と関わる力というのは，目に見えたり測れたりするものではない。そして1から2，2から3へすんなりと発達するものでもない。乳幼児期という人生の根を培う数年間に，子どもたちの人間関係がどのように広がり，また深まっていくのか。その過程が理解できて初めて，その過程を歩む子どもたちのそれぞれの今の姿を大切に思うことができる。本書は，領域に関する専門的事項「幼児と人間関係」にも対応できるように作られているので，その点を学んでほしい。

　授業の中では子どもは目の前におらず，子どもの応答がないので，実際の援助について考えるのは容易ではない。それを補うために本書には多くの事例を掲載している。事例を通して，生活する子どもたちの姿をできるだけイメージしながらそれぞれが考えたり，グループで話し合ったりしてほしいからである。そしてその話し合いでは，誰の考えが正しいかを決めるのではないことを心に留めておいてほしい。子どもにとって最もよいと考える援助は，人によって違う場合もある。様々な感じ方や考え方がある

ことを知り，自分の感じ方や考え方は，その中の1つであるという経験を積み重ねていってほしい。自分にはなかった感じ方や考え方を批判するのではなく，分かろうとすること。その姿勢は，子どもたちの姿を捉える時に自分の見方や考え方を固定することなく，分かりたいと願いながら，子どもたちのことを考え続ける姿勢に繋がっている。

　未来のあなたと共にある子どもたちが，他の人々と親しみ，支え合って生活していることを，そして未来のあなたが子どもたちと親しみ，支え合って生活していることを希う。

2019年3月

　　　　　　　　　　　　　　　編者を代表して　田代 和美

A．モデルカリキュラム「保育内容「人間関係」の指導法」における到達目標と本書の対応項目

（1） 領域「人間関係」のねらい及び内容

〈一般目標〉

幼稚園教育要領に示された幼稚園教育の基本を踏まえ，領域「人間関係」のねらい及び内容を理解する。

〈到達目標〉	本書の対応章
1） 幼稚園教育要領における幼稚園教育の基本，領域「人間関係」のねらい及び内容並びに全体構造を理解している。	第3章
2） 領域「人間関係」のねらい及び内容を踏まえ，自立心を育て，人と関わる力を養うために必要な，幼児が経験し身に付けていく内容と指導上の留意点を理解している。	第5〜13章
3） 幼稚園教育における評価の考え方を理解している。	第3・15章
4） 幼児期の集団生活を通して様々な人と関わる経験と，小学校以降の生活や教科等とのつながりについて理解している。	第9・14・15章

（2） 領域「人間関係」の指導方法及び保育の構想

〈一般目標〉

幼児の発達や学びの過程を理解し，領域「人間関係」に関わる具体的な指導場面を想定した保育を構想する方法を身に付ける。

〈到達目標〉	本書の対応章
1） 幼児の心情，認識，思考及び動き等を踏まえた教材研究や環境の重要性を理解し，保育構想に活用することができる。	第3・15章
2） 領域「人間関係」の特性及び幼児の体験との関連を考慮した教材の効果的な活用法を理解し，保育構想に活用することができる。また，情報機器について，幼児の体験との関連を考慮しながら活用するなど留意点を理解している。	第15章
3） 指導案の構造を理解し，具体的な保育を想定した指導案を作成することができる。	第15章
4） 模擬保育やロールプレイとその振り返りを通して，保育を改善する視点を身に付けている。	第15章
5） 領域「人間関係」の特性に応じた現代的課題や保育実践の動向を知り，保育構想の向上に取り組むことができる。	第1・11・14・15章

B．モデルカリキュラム「幼児と人間関係」における到達目標と本書の対応項目

（1）領域「環境」のねらい及び内容

〈一般目標〉

幼児を取り巻く人間関係をめぐる現代的課題を理解する。

〈到達目標〉	本書の対応章
1）幼児を取り巻く人間関係の現代的特徴とその社会的背景を理解している。	第1章
2）人と関わる力の育ちがその後に続く一人一人の人生を支える力となることを理解している。	第2章

（2）幼児期の発達と領域「人間関係」

〈一般目標〉

幼児期の人間関係の発達について，幼稚園生活における関係発達論的視点から理解する。

〈到達目標〉	本書の対応章
1）乳児期に育つ人と関わる力の発達について，身近な大人との関係から説明できる。	第4～6章
2）幼児期の遊びや生活の中で育つ人と関わる力の発達について，教師との関係，幼児との関係，集団の中での育ちを観点として説明できる。	第7～10章
3）自立心の育ちについて，発達の姿と合わせて説明できる。	第7～10章
4）協同性の育ちについて，発達の姿と合わせて説明できる。	第7～10章
5）道徳性・規範意識の芽生えについて，発達の姿と合わせて説明できる。	第7～10章
6）家族や地域との関わりと育ちについて，発達の姿と合わせて説明できる。	第11・14章

目 次

第1章　現代の乳幼児を取り巻く人間関係 ……………………………… 1
　1．親子・きょうだい，地域における
　　　子ども同士の関係の変化 ……………………………………………… 1
　　　（1）家族における人間関係の変化　　1
　　　（2）地域における子ども同士の関わり　　4
　2．現代の乳幼児を取り巻く人間関係の特徴と課題 ………………… 7
　　　（1）価値観の多様化　　7
　　　（2）外国にルーツを持つ子どもの増加　　8
　　　（3）子どもの貧困　　9
　　　（4）子どもへの虐待　　10
　　　（5）情報化社会における子どもたちの関係性の変化　　11

第2章　私たちにとっての人間関係とは ………………………………… 17
　1．自分もほかの人も大切にすること：
　　　人間関係の根本として ……………………………………………… 17
　2．私たちにとっての人間関係 ………………………………………… 19
　3．自分の感情や価値観が子どもとの関係に及ぼす影響 ………… 20
　4．子どもたちの人間関係を育む保育者への一歩 ………………… 22
　5．おわりに ……………………………………………………………… 23

第3章　領域「人間関係」のねらいと内容及び評価 …………………… 25
　1．幼稚園教育要領，保育所保育指針，幼保連携型認定
　　　こども園教育・保育要領の改訂（改定）と背景 ………………… 25
　2．これからの時代に求められる力 ………………………………… 27
　3．乳幼児期に育みたい認知能力と非認知能力 …………………… 28
　4．資質・能力と幼児期の終わりまでに育ってほしい姿 ………… 29
　　　（1）資質・能力とは　　29
　　　（2）育むことを目指す資質・能力　　30
　　　（3）幼児期の終わりまでに育ってほしい姿　　31
　5．保育のねらいと内容 ……………………………………………… 36
　　　（1）乳児保育　　36

（2）1歳以上3歳未満児の保育　　40
　　　（3）3歳以上の領域「人間関係」のねらいと内容　　42
　6．人間関係の育ちの理解と評価……………………………………45
　　　（1）評価の方法　　45
　　　（2）子どもの理解を評価につなげる　　45

第4章　0歳児の人との関わりと保育　……………………………49
　1．胎内～出生：人との出会い・"出会う・会う"……………49
　2．出生～3か月未満：
　　　特定の相手とのコミュニケーション……………………………51
　3．3か月～おおむね6か月未満：
　　　応答的に関わってくれる他者との情緒的な絆………………52
　4．おおむね6か月～：
　　　見て真似る・自分なりに関わってみる………………………53

第5章　1歳児の人間関係の育ちを支える　……………………57
　1．広がっていく世界：
　　　特定の大人との信頼関係を基盤とした探索活動……………58
　2．自己主張…………………………………………………………60
　3．自分のモノ・友達のモノ………………………………………61
　4．友達がいて広がる楽しさ………………………………………63

第6章　2歳児の人との関わりと保育　……………………………65
　1．2歳児とは………………………………………………………65
　2．人と関わる力の育ちと保育：
　　　大人との関わりを中心に………………………………………66
　　　（1）"自分でできる！"：自己の育ちと大人との関係　　66
　　　（2）大人に見守られながら気持ちを立て直す　　67
　3．人と関わる力の育ちと保育：
　　　子ども同士の関わりを中心に…………………………………68
　　　（1）友達と関わることの楽しさ　　68
　　　（2）気持ちのぶつかり合い　　69
　4．人と関わる力の育ちと保育：
　　　一人の世界を感じる姿を中心に………………………………71

5．2歳児の育ちと保育のねらい・内容……………………………… 72

第7章　3歳児の人間関係の育ちを支える…………………………73
　　1．3歳児の生活……………………………………………… 73
　　2．気持ちの安定・気持ちをひらく
　　　　〜保育者をよりどころに〜……………………………… 74
　　3．同じ場で遊ぶ楽しさ〜仲間と出会う・触れ合う〜……… 77
　　4．一緒に遊ぶ楽しさと喜び
　　　　〜友達と関わりながら遊び進める〜…………………… 80

第8章　4歳児の人間関係の育ちを支える…………………………82
　　1．4歳児の揺れる心と行動………………………………… 82
　　　　（1）甘えたい，でも4歳の自分でありたい　　82
　　　　（2）自分なりの理想やイメージが
　　　　　　　実現できない困難にぶつかる　　83
　　　　（3）友達と関わりたいのにうまくいかない　　84
　　　　（4）相手の行動の裏側にある気持ちに気付き始める　　85
　　2．多様で複雑な関わり合いから生まれる力……………… 86
　　　　（1）保育者がいなくても集団の遊びが継続する　　86
　　　　（2）クラスの集団づくりにつながる活動が発展する　　87
　　3．4歳児クラスの保育者の役割…………………………… 88
　　　　（1）心の支え手としての保育者　　88
　　　　（2）立ちはだかる壁としての保育者　　89
　　　　（3）委ねて信じて待つ保育者　　89

第9章　5歳児の人間関係の育ちを支える…………………………91
　　1．遊びを通して，幼児の育ちや関わりの変化を捉える……… 92
　　2．生活を通して，幼児の育ちや関わりの変化を捉える……… 93
　　3．葛藤を乗り越える体験を通して，
　　　　幼児の育ちや関わりの変化を捉える…………………… 96

第10章　特別な支援を必要とする子どもの人間関係を支える………99
　　1．この章の目的……………………………………………… 99
　　2．レイ君の事例を通して考える…………………………… 100

　　　　（1）4歳児クラスの冬　　*100*
　　　　（2）5歳児クラスの春　　*101*
　　　　（3）5歳児クラスの夏　　*102*
　　　　（4）5歳児クラスの秋　　*103*
　　　　（5）5歳児クラスの冬　　*104*
　　3．この章の目的に立ちもどって………………………………*105*
　　　　（1）保育者がどのように受け止め,
　　　　　　クラスの一員として位置付けていくか　　*105*
　　　　（2）子どもたちが,
　　　　　　どのように関わりながら育っていくのか　　*105*
　　　　（3）保育者同士の連携　　*106*

第11章　子どもの育ちを支える保護者と保育者の人間関係………*107*
　　1．はじめに……………………………………………………*107*
　　2．気持ちを受け止め寄り添う………………………………*108*
　　3．支え, 共に向き合う………………………………………*109*
　　4．共感する……………………………………………………*111*
　　5．保護者の言葉をきちんと受け止める……………………*112*
　　6．共に成長……………………………………………………*114*

第12章　育ちを支える保育者同士の人間関係……………………*115*
　　1．子どもの育ちを支える保育者同士の関係とは…………*115*
　　2．複数担任の一人として……………………………………*116*
　　3．園内の保育者の一人として………………………………*118*
　　4．「わたし」「あなた」の保育課題を
　　　　「わたしたち」の保育課題に……………………………*120*

第13章　子どもたちの人間関係を育む学級経営…………………*123*
　　1．友達との関係を視野に入れた保育者と
　　　　一人一人の子どものつながり……………………………*123*
　　2．保育者と子ども, 子どもと子どもをつなぐ
　　　　3つのアプローチ…………………………………………*125*
　　　　（1）遊びでのつながり　　*125*
　　　　（2）一斉活動でのつながり　　*127*

　　　　（3）生活でのつながり　*128*
　3．保育者と子ども，子どもと子どもの
　　つながりを支える2つのこと ··· *129*
　　　　（1）園内の保育者との連携　*129*
　　　　（2）保護者との連携　*129*

第14章　子どもの育ちに関わる地域の人々との人間関係 ················ *131*
　1．地域のなかでの子どもの人間関係の育ち ······················· *131*
　2．保育実践にみる子どもと地域の人々との関わり ············· *134*
　3．園，保育者と地域の人々の人間関係と子どもの育ち ······· *139*

第15章　指導案作成から保育へ ··· *142*
　1．指導案の作成 ··· *142*
　2．指導案の実際 ··· *143*
　　　　（1）指導案①　2歳児～遊び場面　*143*
　　　　（2）指導案②　3歳児～遊び場面　*146*
　　　　（3）指導案③　4歳児～一斉活動　*149*
　　　　（4）指導案④　5歳児～生活場面　*151*
　3．指導案から保育へ ·· *154*
　4．保育後の評価の考え方 ·· *155*

付　録
　学校教育法 ··· *158*
　幼稚園教育要領 ·· *158*
　保育所保育指針 ·· *162*
　就学前の子どもに関する教育，保育等の
　総合的な提供の推進に関する法律 ·································· *165*

第1章 現代の乳幼児を取り巻く人間関係

📖 予習課題

・あなたは幼い頃,どのような人たちに囲まれて育っただろうか。家族関係,きょうだい関係,近所の友達など,どのような人と関わっていたのか思い返して自分自身の人間関係マップを作成してみよう。

1. 親子・きょうだい,地域における子ども同士の関係の変化

(1) 家族における人間関係の変化

1) 家族形態の変化に伴う子どもの人間関係の変化

　皆さんは,幼少期にどのような人たちに囲まれて生活していただろうか。核家族の人もいれば,祖父母と一緒に住んでいた人もいるだろう。一人っ子の人,きょうだいが多い人もいるだろう。例えば,家族の人数が異なればそこで生まれる人間関係も変わってくる。家族の人数が多ければ,そこで生まれる関係性も複雑になる。

　まずは,家族のあり方が変化したことが,私たちの人との関わりにどのような影響をもたらしたかについて考えていこう。

　核家族化という言葉が流布しはじめたのは,高度成長期の1960年代のことである。図1-1は,子どもがいる世帯における祖父母との同居の割合について示しており,データは既に核家族化が進んでいた1980年代と2019年の比較になるが,それでも祖父母と同居世帯が減少していること

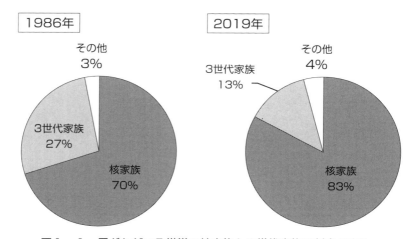

図1－1　子どもがいる世帯の核家族と3世代家族の割合の変化
(令和元年国民生活基礎調査，児童数別，世帯構造別児童のいる世帯数及び平均児童数の年次推移，厚生労働省)

がわかる。

　1960年代以前は祖父母と一緒に住んでいる人たちも多く，3世代や4世代で生活をともにしていた。子育ての担い手が主に母親や父親だけのことが多い今とは異なり，祖父母なども子育てに関わる機会があった。子どもにとれば，3世代の同居は母親，父親，祖父母など関係する大人が多くいたことになる。お年寄りと日常的に関わる子どもは，そうではない子どもと比べて，祖父母世代との関わりに経験の違いが生まれることになる。

　また現代において，子育ての不安や大変さを母親が一人で抱え込む状況がある。夫は仕事が忙しく，親族の協力も得られず，近所との付き合いもなく，母親が孤立して子育てを行う状況を"孤育て"と呼び，社会的な問題になっている。祖父母と同居していた時代は，今のように子育てを親(特に母親)が一人で抱え込むような状況にはならなかったかもしれない。

2）きょうだいにおける子どもの人間関係の変化

　子どものきょうだい関係についても，人数によってそこで育まれる関係は異なる。一人っ子であれば，家で関わるのは両親のみである。しかし，3人きょうだいの末っ子であれば，両親以外にも兄，姉と関わる機会があ

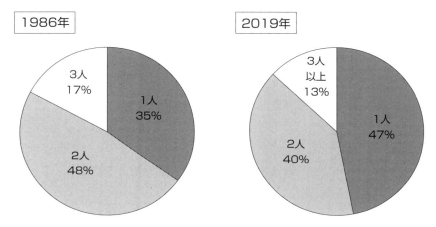

図1−2　1世帯の子どもの数の比較
(令和元年国民生活基礎調査，児童数別，世帯構造別児童のいる世帯数及び平均児童数の年次推移，厚生労働省)

る。単に関わる人数が増えるということだけではなく，関係性が複雑になることを意味する。兄，姉と関わるだけでなく，兄と姉の関係を見ながら自分の振る舞いを考えるなど，家族間においても関係が複雑化する。しかし，1960年代には3人以上のきょうだいは珍しくなかったが，現代ではきょうだいが多くいる子どもは珍しくなった。図1−2は，1986年と2019年の1世帯の子どもの数の比較である。1986年には2人きょうだいが一番多かったものの，2007年には，一人っ子の割合が2人きょうだいの割合を超え，その状況は2019年まで続いている。

　ここまでに述べた核家族化の始まりや3人以上のきょうだいが多くいたのは，高度成長期以前で既に50年以上も経っており，現在子育てをしている世代も核家族の中で育っている。そう考えると，ここ数十年家族の形態が変わっていないのではないかと思うかもしれないが，同じ核家族といっても社会の変化に伴いその関わりの中身に変化が生じている。

3）親子関係の変化

　1990年代後半から「友達親子」という言葉を耳にするようになる。友達のように悩み事を相談できる親子が増えているといわれるようになっ

た。良好な親子関係自体は良いことであるとする一方で，このような親子関係を危惧する見解もある。木村は，親子関係が縦の関係から横のフラットな関係に変化したことで，子どもの承認願望が満たされにくくなっていることを次のように指摘している。「承認の重さは，自分と対等なものではなく，自分より大きな存在，権威ある存在の承認の方が絶対的なものであり，安心感も得やすい。しかし，親子関係も友達関係のようになると，承認の安全性は危うくなってしまう」[1]。つまり，今までの縦の関係であった親子関係ではなく，友達のように接する大人が増えることで，子どもが親から認められることに大きな価値を見出せなくなってしまっているというのである。このような変化がこれからの人間関係の構築に大きな影響を与える可能性もある。

（2）地域における子ども同士の関わり

1）地域社会の崩壊

　皆さんは子ども時代に，近所の友達とどのような場で遊んでいただろうか。30年ほど前には，子どもたちだけで夕方暗くなるまで近所の公園で遊ぶ姿もあった。子どもたちだけで外で思いっきり遊べる環境があったのだ。今はどうだろうか。もちろん，友達と外で遊ぶ子どももいるだろう。しかし，子どもに関わる犯罪も多く，親は安心して外へ遊びに行かせることができない状況がある。

　その背景には，何があるのか。子どもに関わる犯罪への不安は言うまでもないが，昔も子どもに関わる犯罪がなかったわけではない。それ以外にもう1つ，地域社会の崩壊が影響を与えていると考えられる。地域のつながりがあった時代には，子どもたちは地域社会によって見守られて育っていた。例えば，外で遊んでいる時にも近所のおじさんやおばさんが見守ってくれていた。危険なことをしている時には叱る光景もあった。しかし，今では他人の子どもを叱るという光景は見かけなくなった。地域社会の崩壊が子どもの遊び場へも影響を及ぼしているのである。

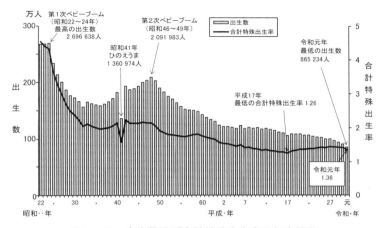

図1-3　出生数及び合計特殊出生率の年次推移

（人口動態統計，厚生労働省）

2）子どもの数の減少：少子化

　少子化が社会的な問題になっていることは，皆さんも既に知っていることだろう（図1-3参照）。また，知っているだけではなく，特に都市部から離れた地域に住んでいる方は，同級生の数が少ないなど，実際に子どもの少なさを肌で感じた人も多くいることと思う。

　小学校が次々と統廃合され，通っていた小学校がなくなってしまうケースがある。統廃合の末に小学校が町内で1つだけになるということがどういうことか，想像してみてほしい。学校が終わった放課後，皆さんが子どもだった時代はどのような遊びをしていただろうか。ランドセルを置いて，近所の友達と遊びに出かけたかもしれない。しかし，町内で1つしか小学校がないということは，家から小学校が離れており，バスなどで通学する子どももいることになる。つまり，近所に友達がいるとは限らず歩いていける範囲に友達がいないこともある。

　一方，そうではない地域に目を向けてみるとどうであろうか。友達は近くにいるかもしれないし，近くに遊べるような公園もあるかもしれない。しかし，先ほどの地域社会の崩壊でも取り上げたように，子どもが関係する犯罪がニュースになっている状況を考えると，なかなか子どもたちだけ

で外で遊ぶことは難しくなっていると考えられる。また，遊び場を確保できないだけではなく，習い事のある子どもも多く，帰宅後に友達と遊ぶことができない状況もあり，遊ぶ友達がいないという話も聞く。いずれにせよ，昔よりも，自由に子どもたちだけで遊ぶことが難しくなってしまっていると考えられる。

3）地域の人と子どもの関わりの減少

　地域社会の崩壊に伴い，子どもが地域の大人と関わりをもつ機会も減少している。以前は地域のつながりがあり，助け合って生活を営んでいた。もちろん，今でも地域のつながりを大切にし，助け合って生活を営んでいる地域もあるが，多くは以前のようなつながりをもたなくなった。それは，世の中が便利になり，助け合わなくても一人でも生きていくことが可能になったことも1つの要因であると言われている。今では隣に誰が住んでいるかわからなくても生活していけるようになった。地域とつながりをもとうと意識しなければ，つながりにくくなってしまったのである。

　そこでの子どもたちと地域の人との関わりは，親がどのようなつながりをもって生活を送るかによって変わってくる。大人が近所の人と関わらなければ，必然的に子どもも近所の人と関わる機会がなくなる。地域の関わりがあった時代と比較すると，子どもは家族，幼稚園・保育所などの先生以外の大人と関わる機会が減っていると言えるだろう。

　地域の関わりの1つとして，挨拶があげられる。挨拶に関する認識も世代間で異なるのではないかと最近考えることがある。皆さんは，幼少期，近所の人と挨拶を交わすような生活を送っていただろうか。かつては，近所ですれ違った人には挨拶をするよう親から教えられていた。しかし昨今，地域の人との関わりが希薄な上に子どもが犯罪に巻き込まれるニュースが話題になると，親は子どもに知らない人にはついていかないように注意し，子どもは防犯ブザーなどを携帯することも多くなった。つまり，近所ですれ違ってもその人を警戒するよう教えているのである。

　最近の学生を見ていると感じることがある。授業等で関わりのある場合は，学生から親しみを込めて挨拶をするが，授業等で関わりがない場合

は，すれ違う時に目を合わせない学生もいる。これは，彼らが悪いというわけではなく，そういった社会で育ってきているという証なのではないかと感じる。知らない人には挨拶をしない，という生活が身体にしみ込んでいるのではないだろうか。

しかし，子どもと関わる保育者になる皆さんには，たとえよく知らない人であっても関係者だとわかる人には挨拶をするような人であってほしいと願う。皆さんは，子どもたちにどのように伝えたいだろうか。

私たち自身の人間関係も，少なからず社会の影響を受けるものである。しかし，その中でどのような人間関係の構築を願うのか，次世代を担う子どもたちにどのような関係を築いてほしいと願うのかは，これから保育者になる皆さんに考えてほしい問題である。

2．現代の乳幼児を取り巻く人間関係の特徴と課題

乳幼児期が，人との関わりの基礎を培う重要な時期であることはいうまでもない。しかし，現代では人間関係を結びにくくなっている状況があることを前節で述べてきた。

ここからは，社会の変化に伴って変わってきた現代の乳幼児を取り巻く人間関係の特徴と課題について考えていきたい。

(1) 価値観の多様化

豊かな社会になり，様々なものが選択できるようになると，それに応じて価値観も多様化してきた。家族でも様々なスタイルで生活することが可能になり，ファッションも暮らしも生活スタイルも個々が選択できる社会になったのである。晩婚化，非婚化もその1つである。以前は結婚しないという選択肢が社会に受け入れられてはいなかった。結婚して当たり前，子どもを持つことが当たり前といわれ，その中で悩む人も多かった。しかし現在では，結婚しないことも，子どもを生まないことも選択肢の1つと

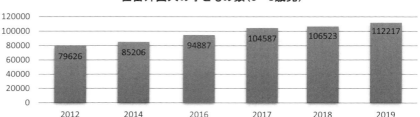

図1-4　在日外国人の子どもの数の推移

参考）在留外国人統計．総務省

して理解されるようになった。価値観の多様化が認められ，様々な考えがあっていいという時代になった。今の子どもたちが大人になる時代には多様な価値観を受け入れ，多様な人と折り合い生活を営んでことが今よりもさらに求められていくだろう。

（2）外国にルーツを持つ子どもの増加

近年，街で外国人を目にすることが増え，コンビニエンスストアなどで働く外国人を目にすることも多い。2019（令和元）年10月時点での外国人労働者は，約166万人となり，10年で2.6倍に増加している[2]。今後，法の整備が進み，ますます外国人労働者が増加することが考えられ，私たちが日常的に外国人と関わる機会は増えていく。それに伴い，外国にルーツを持つ子どもも年々増加傾向にあり（図1-4参照），幼稚園や保育所などでも，子どもが在籍することは珍しいことではなくなった。

外国にルーツを持つ子どもは，文化や風習などの違いにより戸惑いを感じることも多いかもしれないが，幼稚園や保育所などにおいて適切な配慮のもとで生活を送ることができれば，早期に適応することも可能である。

一方で心配なのが，その保護者である。文化や風習，言語がうまく通じない中で子育てを行うストレスは，想像以上に大きい。そのような保護者を支えていくことも，子どもの育ちにとって重要なことである。保護者の不安に寄り添い，保護者の出身の国の文化や風習について理解する等，保

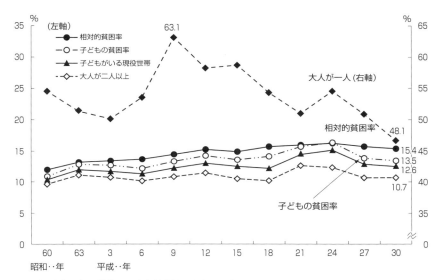

図1-5 子どもの貧困率
(令和元年国民生活基礎調査, 厚生労働省)

護者との信頼関係を丁寧に構築することが保育者には求められる。

(3) 子どもの貧困

　子どもの貧困についても，昨今社会的な問題になっている。
　経済格差に伴い子どもの貧困は高水準で推移しており，2018（平成30）年には7人に1人が貧困状態にある。特にひとり親家庭においては，2人に1人の子どもが貧困状態にある（図1-5参照）。子どもの貧困といっても，食べるものがなかったり，住む家がないというものだけではない。ある民間研究所の報告では，「修学旅行や進学など，自分が属する社会の大半の子どもたちが，当然のことと考えている利益や機会が得られないような状況のこと」[3]を子どもの貧困としている。

そのような中，親と一緒に食事をとれない子どもや，貧困により食事がとれない子どもに対して無料で食事を提供する「子ども食堂」の取り組みが増加している。「子ども食堂」は食事の提供のみならず，子どもの居場所として大きな役割を果たしている。子どもの貧困を家庭だけの問題とせず，今一度，子どもを地域で育てていく流れをつくることも必要である。

(4) 子どもへの虐待

子どもに関わる問題として，虐待の問題も大きな課題である。

児童虐待の相談件数は，2004（平成16）年の33,408件から，2019（令和元）年の速報では，193,780件と，約6倍に増えている。5年前の2014（平成26）年と比較してみても，約2倍増加していることがわかる（図1－6）。

虐待は，子どもが人間形成の基礎を培い，人との関係を構築する上で重要な時期に，人との関係を結びにくくしてしまう要因になる。最も近くで愛着関係を結ぶ存在である親（保護者）から虐待を受けてしまうことは，その時に受ける傷だけに留まらず，その後の人生においても大きな影響を与えてしまいかねない。

虐待への対応は早期発見が大切で，保育者は子どもの様子や保護者の様子に少しでも異変を感じた場合には，園内で連携を取りながら取り組むことが重要である。また，虐待につながる要因は，家族の不和や育児不安等

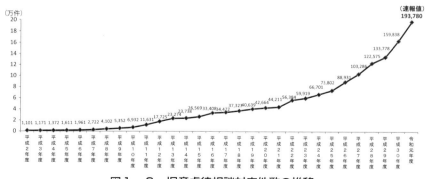

図1－6　児童虐待相談対応件数の推移
出典）平成29年度児童相談所での児童虐待相談対応件数．厚生労働省

であることも多い。そういったものを保護者が一人で抱え込まないように配慮することが必要である。子どもの成長の喜びを保育者と保護者が共有する中で関係を構築し，不安を取り除くような関わりをすることも，保護者にとっては大きな支えとなるだろう。保護者との関わりにおいても，日々の丁寧な関わりが重要なのである。さらに，保護者同士が，横のつながりを持つ中で，同じ立場で相談が可能な環境をつくっていくことも必要だろう。

また，子どもの愛着の対象は，絶対に親（保護者）でなければならないというわけではない。家庭では親が，幼稚園や保育所などでは保育者が愛着の対象になる。特に虐待を受けている子どもにとって，保育者との愛着関係を築くことが重要になる。つまり，虐待から子どもたちを守るだけではなく，虐待を受けている子どもが人間関係を育む基礎をつくるためにも，保育者の役割が重要になっているということもいえるだろう。

(5) 情報化社会における子どもたちの関係性の変化

　携帯電話やスマートフォン，インターネットの普及や発達により，私たちの生活環境は大きく変化してきた。1980年代には携帯電話も普及しておらず，外とつながるコミュニケーション手段は自宅の固定電話だった。その頃は，小学生や中学生が帰宅後に友達に連絡を取りたい時には，友達の家の固定電話に電話をして，友達に取り次いでもらうことが一般的で，初めて電話をかける時には，失礼がないように緊張して電話をかけていた。このような経験は，社会性を獲得する1つの場でもあった。

　1990年代後半に携帯電話が普及すると，個人が他の家族を介さなくてもつながることができるようになった。便利さと引き換えに社会性を育む場を1つ失ってしまったとも言える。

　2010年に9.7％であったスマートフォンの保有率は，2019年では83.4％に増加した[4]。それに伴い，インターネット環境が整い，今ここにはいない他者とリアルタイムに簡単につながることができるようになった。インターネットでコミュニケーションを取るようになった私たちは，人との関

わり方までもが変化しているといえる。直接会って話をすること以外の手段がなかった時代とは異なり，今は携帯電話を1人1台持っているため，手軽に電話で話すことができる。それだけではなく，SNSが進化した現代においては，会話をするようにSNS上でのやり取りが可能になっている。会わなくてもコミュニケーションが容易に取れるようになり，コミュニケーションは格段に取りやすくなった。しかし，便利さの反面，今までの人との関わりとは形が変わっていくケースもある。

1）コミュニケーション手段が発展したことにより人間関係に与えた影響

　SNSなどで，会っていない時にも他者と容易につながれるようになった反面，つながりを断ち切れないという現状も起こってしまっている。土井は，今の子どもたちのネット環境について，つながりを脅迫される世の中になっているとし，「常に誰かと繋がっていたいという子どもたちの欲求が今日のネット環境の普及によって満たされやすくなった。しかし，いつでも誰とでも繋がれる環境が用意された結果，皮肉にも一人でいる時の孤立感は逆に強まってしまう。いつでも連絡が取れるはずなのに，誰からも反応がないとすれば，それは人間的な魅力が自分にないためかもしれない，と思うようになる」[5]と述べている。つながりやすくなった分，つながることから離れられなくなってしまう現状がもたらされている。

　街に出ると"歩きスマホ"，電車では大半の人がスマートフォンを見ているという光景をよく目にするようになった。また，友人や家族と食事をしている時にもスマートフォンをいじっているという姿も目にする。目の前に人がいるのにもかかわらず，つい手に取ってしまうほどに，私たちの生活にはスマートフォンが密接になっている。

　子どもの周りに目を向けてみても同様である。電車内でベビーカーに乗っている子どもが「あーあー」と母親に何か訴えかけるような声を発していても，母親は子どもに視線を向け応えるわけではなく，スマートフォンをいじりながらベビーカーを揺らすというシーンをよく目にする。

　子どもが関わりを求めて大人に働きかける場面において，大人がそれに

応じることで，子どもは相手に対して働きかけると応じてもらえるという安心感を育まれることになる。そのような積み重ねが人とのコミュニケーションの基盤をつくっていく。少なからずスマートフォンへ依存傾向がある私たち大人は，それが乳幼児の人間関係の構築を阻む可能性をはらんでいることを忘れてはいけない。皆さんがこれから関わる子どもたちは，特に直接的な体験が重視される乳幼児期の子どもたちである。目の前にいる子どもとの関わりを大切に，ていねいに構築していくことが求められる。

しかし，今の生活からスマートフォン等のデジタル機器を遠ざけることはとても難しい。幼い子どもたちでも，親が使用しているスマートフォンを手にする機会は少なくはない。特に，子どもたちは身近な大人が使用しているものには興味を示すものである。そう考えると，今の子どもたちは幼い頃からスマートフォンやタブレット，パソコン等のデジタル機器と関わる機会が多いと言えるだろう。私たちの日常の一部となり，入り込んでいるデジタル機器を子どもの世界から取り除くことは難しくなっている。デジタル機器が日常にある現代において，子どもが自然の流れでそのものと関わってしまうことは避けられない。しかし，大人である私たちは，子どもたちがどのように関わることがよいのか，考えていく必要があるだろう。

2）インターネットの普及により変化した地域社会との関わり

地域社会の崩壊に伴い子どもが地域の人と関わりがもちにくくなったことは，既に紹介した。ここでは，さらにインターネットの普及が私たちの生活スタイル，特に買い物に大きな影響を与える可能性について考えていく。

近所の商店に行って，お互いが知る間柄で買い物を行っていた時代は遥か昔となった。その時代には，子どもたちも「○○さんの家の子ども」として，商店街の人たちとも関わる機会があり，買い物もそのような間柄の中で行われていた。そこから，近年では，近所のスーパーでお互いが誰かもわからない中で買い物を行うようになった。それでもわからないことがあれば店員に尋ねたり，レジでは「ありがとう」などの言葉のやり取りが

ある。子どもがレジに行けば、レジ担当の人は、微笑みかけることもあり、そこで会話も生まれる。スーパーなどの実店舗で買い物をする形態はまだ多く残っているが、一方でインターネットを利用しての買い物も急速に普及してきており、家から出なくても、インターネット上でクリックするだけで買い物ができるようになった。買い物をする時に会話が必要なくなるだけではなく、人と会うことすら必要なくなったのである。買い物さえも人と人とのコミュニケーションを介在せずに行う時代になっている。

便利になる分だけ、人と関わる機会は減り、社会と直接的につながる手段も減っていく。子どもにとっては、家族ではない大人や社会と関わる機会がどんどん失われていくことになる。

3）人工知能の発展における生活の変化

近年の人工知能（AI）の発展は目覚ましく、私たちの生活の中に次々と入ってきている。

例えば、ロボット掃除機が普及し、私たちが家にいない間に掃除が完了している。自動車では自動運転技術の研究が進んでおり、実用化が近いと言われている。また、人間のような動きが可能になったロボットも開発されている。数年後には、自動車の運転や家事を人間がしなくても済むような時代になっていくのではないだろうか。

そのような変化に伴い、今の子どもたちが大人になる頃には、どのような職業が必要となり、どのような職業が減っていくのだろうか。今の仕事とは異なるだろうということは、想像に難くない。その中で子どもたちに求められていることは何だろうか。2020年から小学校ではプログラミングの授業が導入されることになった。AIは、今よりももっと私たちの生活に密接なものとなっていくだろう。だからこそ、AIにはできない人間の知が注目されており、それが非認知能力である。人との関わりもその1つで、他者の感情を読み取ったり、それに応じた関わりを行うことはAIには高度で難しい。だからこそ、これからの社会、代わりのない私たちが育んでいく力として、コミュニケーション能力も注目を集めている。

このような時代だからこそ、子どもたちにどのような能力を身に付けてほしいのか、真剣に考えていく必要があるだろう。

4）AI時代の新たな可能性

インターネットやAIの進化が、私たちの生活やコミュニケーションに新たな可能性を生み出していることも紹介したい。

インターネットの発達により、私たちは遠く離れた人とも容易にコミュニケーションを取ることが可能になった。遠く離れて暮らしていた祖父母とも顔が見える中で電話をすることが可能になるなど、距離がコミュニケーションを阻むことはなくなった。同じように海外に住む人ともコミュニケーションを取ることができるようになった。何百キロも離れた海外の災害に心を痛め、心配するだけではなく、その現地の人にメッセージを送ることができる。

また、今のようにインターネット上で、オンタイムでつながることができるからこそ、災害にあった時に助けを待つだけではなく、自分から助けを求めたり、足りないものを発信したりするなど、大きな役割を果たすことが可能となった。このような中において人との関わりやつながりの持ち方に変化がもたらされているが、同時に新たなつながりの可能性も秘めている。

AIの進化によって、生活がより便利になり、その分、私たちには余剰の時間ができることになって、その時間に新たなものを生み出すこともできるだろう。子どもが豊かな関係を築くことができるような、子どもとゆったりと関わる時間を持てるかもしれない。また、新たなコミュニティーを形成し、子どもを交えて関わりを持つ時間をつくることも可能だろう。

これからの時代、インターネットやAIの発達が進むからこそ、乳幼児期には、人と人とを結ぶ直接的な関り合いが必要になるのではないだろうか。時代に飲み込まれ、私たちが人と交わる力を失っていくのではなく、新たなコミュニケーションツールをうまく使いこなし、豊かな人間関係を築いていくことが求められていると言えるだろう。

> **まとめの課題**
> 1．子どもにどのような人とのコミュニケーションを培ってほしいか考えてみよう．
> 2．子どもが豊かな人間関係を育むために，今の社会ではどのようなことに気を付け，環境を整えていく必要があるか考えてみよう．

引用文献
1）木村晶子：現代の若者たちの人間関係，人間生活学研究 第23号，p.5，2016
2）外国人雇用状況の届出状況，厚生労働省，2020
3）明治安田生命生活福祉研究所：親子白書，きんざい，p.22，2017
4）総務省：令和2年版 情報通信白書，p.336，2020
5）土井隆義：つながりを煽られる子どもたち，岩波ブックレットNo.903，岩波書店，p.10，2014

参考文献
・五十嵐悠紀：AI時代のデジタル教育 6歳までに鍛えておきたい能力55，河出書房新社，2017
・菅野仁：友達幻想，ちくまプリマー新書，2008
・木村晶子：現代の若者たちの人間関係，人間生活学研究 第23号，2016
・高橋和巳：「母と子」という病，ちくま新書，2016
・田中浩史："ネオ・テジタルネイティブ"世代の新コミュニケーションスタイルの可能性に関する一考察，跡見学園女子大学コミュニケーション文化9号，2015
・土井隆義：友だち地獄－「空気を読む」世代のサバイバル，ちくま新書，2008
・土井隆義：キャラ化する／される子どもたち，岩波ブックレットNo.759，岩波書店，2009
・土井隆義：つながりを煽られる子どもたち，岩波ブックレット No.903，岩波書店，2014
・明治安田生命生活福祉研究所：親子白書，きんざい，2017

第2章 私たちにとっての人間関係とは

📖 予習課題

・幼稚園教育要領や保育所保育指針で領域「人間関係」のねらい及び内容を読んで，自分に育まれているかどうかを具体的な場面で考えてみよう。

1．自分もほかの人も大切にすること：人間関係の根本として

はじめに詩を2編紹介する。

「ぼくが ここに」　　まど みちお[1)]
ぼくが ここに いるとき
ほかの どんなものも
ぼくに かさなって
ここに いることは できない

もしも ゾウが ここに いるならば
そのゾウだけ
マメが いるならば
その一つぶの マメだけ
しか ここに いることは できない

ああ このちきゅうの うえでは

こんなに　だいじに
まもられているのだ
どんなものが　どんなところに
いるときにも

その「いること」こそが
なににも　まして
すばらしいこと　として

「いる」　　谷川俊太郎[2]
ぼくはしてる
なにかをしてる
でもそれよりまえにぼくはいる
ここにいる

ねむっていてもぼくはいる
ぼんやりしててもぼくはいる
なにもしてなくたってぼくはいる　どこかに

きはたってるだけでなにもしてない
さかなはおよいでいるだけでなにもしてない
こどもはあそんでいるだけでなにもしてない
でも，みんないきて「いる」

だれかがどこかにいるのっていいね
たとえとおくにはなれていても
いるんだ　いてくれてるんだ
とおもうだけでたのしくなる
どう思っただろうか？

同感！　と思っただろうか。それとも，そう言えば最近こんなふうに感じていないなあと思っただろうか。自分がいること。そしてだれかがいること。そのどちらをも大切にしていけたら，人間関係というものは，とてもシンプルで楽しいものに違いない。だけど，やっかいなことに，そのどちらかが大切にできないと，もう一方も大切にできなくなってしまうものでもあるようなのだ。

2．私たちにとっての人間関係

　私たちは，毎日だれかと関わりをもって生活している。今朝起きてからだれと出会い，どんな会話を交わしただろうか？　最近，だれとどんなうれしい関わりがあっただろうか？
　生まれてから今日まで，私たちはどれだけ多くの人に出会い，どれだけ多くの人々の影響を受けてきたのだろう。幼稚園や保育所の先生が大好きだったから，保育者になろうと思ったという人も少なくないだろう。小学校・中学校・高校時代と楽しい人間関係がたくさんあっただろうし，つらかった関係もあっただろう。つらい時に助けてくれた人もいただろう。逆にあなたがいたからこそ助けられた人もいたはずだ。そういう様々な人との関わりを経て，今のあなたがいる。隣に座っている人とあなたとでは同じ年月を生きてきても，違う人々との関わりを経てここにいる。それぞれの人の中に，それまでかかわってきた多くの人々が染み込んでいる。だから，それぞれの人にとって心地よい人間関係と苦手な人間関係とがあるのだ。
　家族との関係，クラスやサークルや部活，そしてアルバイト先での今のあなたの人間関係はどうだろうか。自分を大切にし，周りの人を大切にしている関係だろうか。なかなか自信をもってそうだと言い切れる人はいないのではないかと思う。おそらく親元を離れて一人暮らしをしている人は，親のありがたみを感じたり，親を思いやる気持ちが生まれているだろう。でも自宅から通学している人は，親に反発したり干渉されたくないと思っているのではないだろうか。人は，少し距離があると穏やかで優しい

気持ちでいられるのに、どうして近くにいる人との関係ではそうなれないのだろう。考えてみてほしい。

今のあなたにとって、望ましい人間関係とは、どのような関係だろうか？　あなたにとって苦手な人間関係とはどのような関係だろうか？

3．自分の感情や価値観が子どもとの関係に及ぼす影響

領域「人間関係」の「ねらい」や「内容」は、言葉としては理解できるだろう。また、保育者がどのように援助すべきかについても、言葉としては理解できるだろう。しかし、あるべき姿が言葉として理解できれば、すぐそのとおりに行動できるように私たちはできていない。私たちには自分の感情や価値観があるからだ。教科書で学んだり、頭で考えていたように行動できないことは、保育の場で実習を行うと身に染みてわかる。

ここでは、初めて短期間の保育実習を行った学生たちが、実習で困った子どもとの関わりについて考察した文章を通して、自分の感情や価値観が子どもとの関係に及ぼす影響について考えてみたい。

学生A

　私は実習中に、すぐに「これやって。あれやって」と言ってくる子との関わりが本当のことを言うといやだった。ニコニコと笑顔でやったけれど、内心はいやだった。なぜかと言うと、私が言いなりになりたくないからだ。子どもの言いなりになりたくないというのは、怖いけれど、考えようによっては、子どもより自分の方が上に立っていたいと思っているからなのだろうか。もしそうだったら、それは私の理想とする保育者とはかけ離れている。いや保育者か子どものどちらかが上に立つなんておかしい。対等でいたいから、受け身がいやなのだ。対等で意見を言い合える関係、そんな関係が素敵だと思うから、ただ受け入れているだけではいやだと感じたのかもしれない。

どのように感じただろうか？　こんなことを書いていいの？　と疑問に思った人もいるだろう。こういうことがいやなら、保育者には向かないの

ではないかと思った人もいるかもしれない。いやだという感情をそのままにしておくのであれば、保育者には向かないのかもしれない。しかし、ここで学生Aは、混乱しながらもそれを自分自身に引きつけて考えている。自分自身が、上下関係ではなく、対等で意見を言い合える関係を好ましいと思っていること、それが、子どもと関わる時に影響していたことに思い至っている。ここから学びが始まるのである。保育者は専門職としての役割を担っているのであるから、子どもとの関係に自分の人間関係の好みをそのまま持ち込むべきではないのは当然である。でも、自分の好みや価値観がわかっていなければ、無意識のうちにそれを子どもとの関係に持ち込んでしまうことは十分にあり得るのである。

学生B

> 初めての実習で、私は物静かな子や積極的に関わりを求めてこない子への対応が手薄になりがちだった。話しかけても黙ってこちらを見ている子どもに会うと、もう自分が焦ってしょうがない。粘り強く対応を工夫することなどできなかった。その代わり、しつこいくらい関わりを求めてくる子、自分に甘えてくれる子はかわいく思えてしまい、その子たちといる時間が長かった。そして記録を見ると、自分の対応の偏りがありありと記されている。たった1回しか名前が登場しない子もいたのである。実は私自身も引っ込み思案な一面があり、初対面の人に慣れるまでに時間がかかる。だから、そういう子どもたちの気持ちを一番くみ取れるのは自分だと自信をもっていた。それなのにいざ関わってみると、どうしていいかわからなくなってしまった。でも、もしかしたら大学でも初対面の人は私に対して、どうしたらよいかわからない、そんな思いを抱くのかもしれない。そう考えた時、自分に足りなかったことが見えてきた。それは、自分をもっとさらけ出すことだ。私はこんな先生よ、だからみんなのことも教えて！　と自分をさらけ出していくことで、徐々に私の苦手な子どもとも距離を縮められるような気がする。

どう思っただろうか？

初めての実習では、どこにいて何をしたらよいのかがわからず、身の置き場がなくて困る学生も多い。そんな時に「せんせい！」「せんせい！」と積極的に関わってきてくれる子どもと一緒にいると、自分の居場所がで

き，自分が必要とされていると感じられて安心する。そんな自分に余裕のない状況では，どうしてよいかわからなくなる相手から逃げたくなるのは，人の感情としては自然なことだ。しかし学生Bは，これではいけないとどこかで思い，しかもそれが，自分こそが気持ちを一番くみ取れると自信をもっていた自分に似た子どもたちだったから，記録に出てくる子どもの名前まで数えたのだろう。

　学生Bは，なぜ自信をもっていた子どもたちとうまく関われなかったのかについての考察はしていない。実は，自分に似ている子どもと関わるのが苦手な学生は決して少なくない。その学生たちの多くは，自分のいやなところや，幼いころの自分の姿と重なる面をもつ子どもは，自分を見ているような気がしていやになったり，恥ずかしさもあって距離を置きたくなることを理由にあげている。自分のいやな面はだれしも見たくはない。でも保育者は，それを理由に自分に似た子どもと関わらないというわけにはいかない。ここから学びが始まる。

　さて，学生Bは，理由については考えていないが，子どもと自分との関係を今の自分と周りの人との人間関係に置き換えて考えている。理由を考えるのとは別の視点である。自分がその立場だったら。そのような想像力を働かせることも，自分や子どもたちを理解するための手がかりになる。

4．子どもたちの人間関係を育む保育者への一歩

　2人の学生の考察を取り上げた中で，筆者はそれぞれに「ここから学びが始まる」と述べた。それぞれの人にとって必要な学びはどのようなことだろうか？　考えてみてほしい。

　学生Aは，人と人とが対等であることを大切に思っている。それはAにとって価値があることに違いない。また人間関係として大切なことでもある。しかし今の時点では，その自分にとって価値があることを子どもたちに押しつけているだけである。私たちは「オギャー」と生まれてきた時に一人では何もできない。世話をしてくれる大人にすべてのことをやっても

らうことから人生はスタートする。周りの大人を頼りにしながら，その人の支えがあって，だんだんと自分の力でやろうとすることが増えていく。子どもたちがその道すじをどのようにたどっていくのかを学ぶこと，そこに保育者としてどのように関わっていくのかを考え続けていくことが，Aにとっては必要である。それぞれの子どもたちの育ちの様子を理解し，それぞれの子どもたちに願いを込めて関わる保育者に近づいていく中で，「やって」に応えることが必ずしも受け身ではないこと，また場合によっては，子どもが自分でやることに重きを置く関わりもあることに，気付いていくだろう。

そしてまた，子どもが何かを「やって」とAに頼む時，それはAを頼りにしているのであって，決して子どもがAを自分より下だと見なしているわけではない。上や下，言いなりになりたくないというのは，Aの感情の問題であって，それは子どもの問題ではないということにも気付いていく必要があるだろう。

では，学生Bにとって必要な学びは何だろうか？　自分の課題を見出し，自分を変えようとしている。そのまま進めばいいとも言える。しかしそれは，あくまでも頭で考えていることだ。変わらなくちゃ！　と思えば思うほど，変われない。そういう経験をしたことはないだろうか？　そして引っ込み思案を克服しなくてはならないこと，つまり否定的に捉えている限り，引っ込み思案な子どもたちの気持ちに寄り添うことは，逆に難しくなるのではないだろうか。人との関わりは，頭で考え，一生懸命になることだけでは，必ずしもよい方向に向かうものではない。演習での話し合いを通して，Bの自分自身へのまなざしが優しくなれば，それは大きな成長であろう。

5．おわりに

「人間関係」という発達の側面は，保育者である自分のことも感じたり考えたりする必要があるものである。保育の世界には，子どもたちと一緒

に，人として自分も成長していく楽しさがある。子どもたちにこのような人間関係を築いていってほしいという保育者としての願いと，自分が築いている人間関係は深いところでつながり，お互いに影響を及ぼし合っていく。

　両者を分けて考えられるようになるために，あなたが今からできることは，周りの人と様々なことについて話し合うことである。どちらがよいか正しいかを討論するのではなく，多様な見方や考え方を知ることによって，自分の見方や考え方から距離を置き，自分を客観視できるようになることである。いつかそんな自分を笑い飛ばしたり，苦笑いしながら見つめられるようになれたら，子どもたち一人一人との関係が，あなたにとってかけがえのないものになっているだろう。

　保育とは，関わりながら子どもを理解し，関わりながら子どものよりよい育ちを願う仕事である。はじめにあげた詩のように，力むことなく，自分の存在もほかの人や物の存在も大切に思えるようになれたらと，どこかで願いつつ，人との関わりを積み重ねて学んでいってほしい。子どもと共に育ち続けることは保育者の大切な専門性の1つなのだから。

 まとめの課題

1．学生Aと学生Bの書いた文章について感じたことを，グループで話し合ってみよう。
2．自分にとって関わるのが苦手な子どもはどのような子どもかを考え，それはなぜかをグループで互いに考えてみよう。また保育者として，自分は子どもたちにどのような人間関係を築いていってほしいと思っているのかを，あわせて考えてみよう。

引用文献
1）まど・みちお：ぼくが　ここに，童話屋，1993
2）谷川俊太郎：すき，理論社，2006

第3章 領域「人間関係」のねらいと内容及び評価

📖 予習課題

・第1章,第2章を読んでこれからの時代の人間関係においてどのような力が必要となるのか,それはなぜかを考えてみよう。

1. 幼稚園教育要領,保育所保育指針,幼保連携型認定こども園教育・保育要領の改訂(改定)と背景

2017(平成29)年に新しい幼稚園教育要領が文部科学省,保育所保育指針が厚生労働省,幼保連携型認定こども園教育・保育要領が内閣府・文部科学省・厚生労働省から告示された。告示とは,「公的な機関がある事項を広く一般に知らせること」(広辞苑)である。日本の幼稚園,保育所,幼保連携型認定こども園では園によって教育・保育方針が様々であるが,幼稚園,保育所,認定こども園における保育の質を一定に保ち,乳幼児期の健全な発達を保障することが必要である。そのため,こうした要領や指針を告示することによって教育・保育の一定の基準を設けている。

幼稚園教育要領が最初に刊行されたのは,1956(昭和31)年である。その後の1964(昭和39)年に改訂が行われ,翌年の1965(昭和40)年に最初の保育所保育指針が発刊された。以後,幼稚園教育要領,保育所保育指針は2017年に改訂(改定)されるまでに3回の改訂(改定)を重ねてきた。特に,1989(平成元)年の幼稚園教育要領改訂では,「環境を通して行う教育」を基本として子どもの主体的な活動としての遊びが重視されることに

なり，それまでの教育要領からの転換点となった。また，1964年の幼稚園教育要領，翌1965年の保育所保育指針ではねらいと内容は「健康，社会，自然，言語，音楽リズム，絵画制作」の6領域に示されていたが，1989年の幼稚園教育要領の改訂以降「健康・人間関係・環境・言葉・表現」の5領域となった。「環境を通して行う保育」や5領域の保育内容は，現在の幼稚園，保育所，幼保連携型認定こども園にも受け継がれている。領域「人間関係」は，子どもたちを取り巻く社会の変化を踏まえて，1989年にそれまでの領域「社会」の内容を引き継ぎながら人と関わる力を養う観点から新たに設けられたのである。

さて，このように要領や指針は時代の変化に応じて改訂（改定）が行われているが，2017年の改訂（改定）では何が重視されているのだろうか。まずは，その社会的な背景から確認してみる。

現代においては少子化，核家族化，地域のつながりの減少など乳幼児を取り巻く人間関係が希薄化している。また，現代社会の特徴としてテクノロジーの発展があげられる。インターネットが普及し，直接的に関わることなく人と連絡を取り合える。インターネットを介して，知りたい情報を瞬時に調べることができ，売買なども行うことができる。AI（人工知能）

表3-1　幼稚園教育要領，保育所保育指針，幼保連携型認定こども園教育・保育要領の制定と改訂（改定）の流れ

●幼稚園教育要領	○保育所保育指針	◇幼保連携型認定こども園教育保育要領
●1956(昭和31)年制定		
●1964(昭和39)年改訂　　○1965(昭和40)年制定 保育内容が小学校との一貫性をもたせるため，6領域「健康・社会・自然・言語・音楽リズム・絵画制作」になる。		
●1989(平成元)年改訂　　○1990(平成2)年改定 幼児期の特性を踏まえ＜環境を通して行う教育（保育）＞を基本とする。保育内容が5領域「健康・人間関係・環境・言葉・表現」になる。		
●1999(平成10)年改訂	○2000(平成11)年改定	
		◇2014(平成26)年　制定
●2017(平成29)年改訂	○2017(平成29)年改定	◇2017(平成29)年　改訂

が開発され，これまでは人が行っていた単純な作業などを機械に任せられるようになった。その他，グローバル化によって外国との交流も盛んになり，人，モノ，情報が国家間を行き交い，様々な文化や価値観をもつ人々が同じ地域に暮らす時代になった。

2．これからの時代に求められる力

　こうした時代に生きる私たちには，どのような力が必要になるのであろうか。この点についてはこれまで日本だけではなく，世界において議論されてきた。OECD（経済協力開発機構）ではこれからの社会において必要な能力を「コンピテンシー」であるとして検討してきた。「コンピテンシー」とは，人が「ある特定の文脈における複雑な要求に対し，心理社会的な前提条件（認知・非認知を含む）の結集を通じて上手く対応する能力」（Rychen&Salganik, 2003を松下訳，2010, p.20）である。つまり，知識や技能だけを身に付けているのではなく，知っていることやできることを用いてその状況で必要なことは何かを考えて判断し，その状況に応じた対応ができる能力であるといえるだろう。

　コンピューターと人との違いからこの能力について考えてみよう。コンピューターと人との決定的な違いは，コンピューターは指示には従うが，指示通りにしか動けないということである。例えば，泣いている子どもへの対応を考えてみる。泣いている子どもがいたら，抱き上げて声をかけるというロボットを作成したとする。「大丈夫？」と声をかけて笑わせるために歌を歌うという設定にする。しかし，泣いている子どもにふさわしい対応をするには，泣いている子どもがなぜ泣いているのかに気が付く必要がある。なぜ泣いているのかについてこれまでの自分の経験から得た知識（空腹，痛い，嫌なことがあった，熱がある，寂しい，不安など）と子どもが泣く前後の出来事から判断し，自分の技能（声をかける，抱く，熱を測る，慰めるなど）の中からその状況にふさわしいものを選んで対応しなければならない。子どもの気持ちに共感しながらも，多くの可能性の中からその場

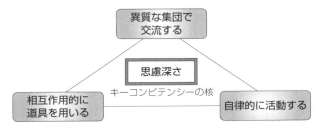

図3-1　キー・コンピテンシー
（Rychen&Salganik, 2006, 国立教育行政研究所, p.23, 2016をもとに作成）

の状況を判断して対応する必要がある。こうした対応は，現在のところ指示通りにしか動けないコンピューターには不可能なのである。テクノロジーが発展していく今後の社会においては，コンピューターにはないこうした人ならではの能力がますます必要になってくると言われている。

　OECDでは，今後の社会において必要なコンピテンシーの主要なものを「キー・コンピテンシー」として3つ示している（図3-1）。

　社会での出来事を客観的に捉え，自分自身がもっている知識を活用して様々な視点を踏まえて判断し，自分の行為に責任をもつという思慮深さが3つのコンピテンシーの核になっている。3つの「キー・コンピテンシー」のうち，「異質な集団で交流する」と「自律的に活動する」というコンピテンシーが人間関係に関して重要である。「異質な集団で交流する」力は，自分とは異なる価値観や文化をもつ人たちと対話を通して良好な関係を築き，協力し合って何かを成し遂げていくために必要であり，「自律的に活動する」力は，自分自身で将来への展望をもち，人生計画を立てる，自分自身の権利や利害，限界やニーズを表明するといった力である。

3. 乳幼児期に育みたい認知能力と非認知能力

　上述のように21世紀に必要な力としてコンピテンシーが重要視されているが，乳幼児の研究から，乳幼児期には「～を知っている」「～ができる」という認知能力だけではなく，非認知能力の育成が必要であると考え

られている。非認知能力とは，意欲，好奇心，粘り強さ，協調性，思いやり，自制心，気持ちの回復力などテストで測ることが難しい力のことを指す。

こうした力は以前から保育において重要とされていたが，近年の乳幼児の研究によって改めてその大切さが認識されている。また，何かを成し遂げるための粘り強さや挑戦する気持ちなども改めて注目されることとなった。2017年の3法令（幼稚園教育要領，保育所保育指針，認定こども園教育・保育要領）においてもこうした考えが反映されている。こうした非認知能力の多くは人との関わりにおいて育まれるとも言える。そのため，領域「人間関係」とも関わりが深い。

4. 資質・能力と幼児期の終わりまでに育ってほしい姿

(1) 資質・能力とは

世界的にコンピテンシー（認知能力，非認知能力を含む）が重視される流れの中で，日本の保育・教育においても資質・能力を重視することとなった。ここでは，資質・能力がどのような特性をもつのか考えてみよう。

資質とは生まれつきの性質や才能であり，例えば「野球選手の資質がある」などと使うことができる。能力とは物事をなし得る力のことである。能力は自分なりに努力すれば身に付けられるものであるとも言える。しかし，運動能力を考えてみればわかるように，あらかじめ人は運動能力をもって生まれてくる。だからこそ，早い遅いはあるものの何らかの障害がない限り，たいていの子どもは歩いたり走ったりできると言えるだろう。また，生まれて間もない乳児が人の顔を好んで見ることや，生物らしい動きに興味を示すことがわかっているが，人は生まれながらに人と関わるための能力をもっていると考えられる。

このように，資質・能力はどちらも生まれながらに自分の中にあり，そ

れを引き出して使うものである。しかし，放っておけば育つわけではなく，子どもが育つ環境の中で磨かれ，伸びていくものであり，乳幼児期に育んだ資質・能力がその後の人生における基礎になると考えられる。

　そのため，保育者は子どものどのような資質・能力の育成を目指すのかを明確にしておく必要がある。3法令においては，次項のように乳幼児期に育みたい資質・能力を明確に示している。

（2）育むことを目指す資質・能力

　日本の幼稚園，保育所，幼保連携型認定こども園において現在，乳幼児に育むことを目指しているのは，次に示す3つの資質・能力である。

> 幼稚園・保育所・幼保連携型認定こども園において，一体的に育むよう努める資質・能力
> （1）豊かな体験を通じて，感じたり，気付いたり，分かったり，できるようになったりする「**知識及び技能の基礎**」
> （2）気付いたことや，できるようになったことなどを使い，考えたり，試したり，工夫したり，表現したりする「**思考力，判断力，表現力等の基礎**」
> （3）心情・意欲・態度が育つ中で，よりよい生活を営もうとする「**学びに向かう力，人間性等**」
> 〔幼稚園教育要領，保育所保育指針，幼保連携型認定こども園教育・保育要領より抜粋〕

　現在は，知識を基盤とした社会と言われており，自分がもっている知識を活用して考え，他者と共によりよい社会をつくっていくことが目指されている。さらに，これまでの知識をもとに新しい知識を生み出すことも必要になっている。

　知識を身に付けるという言葉からは，子どもに何かを教えることを連想することが多いであろう。しかし，乳幼児期は環境に自分から関わることで発達していく時期である。「面白そう！　してみたい！」という好奇心が生まれるような環境を保育者が準備し，子どもは自分から環境に関わる。環境は関わることによって変化するので，子どもはさらに関わってみ

たいと思う。こうした環境との相互作用によって、様々な力が引き出されていくのである。幾多ある環境の中でも、子どもにとって人は最も変化する環境であると言える。

　このように、乳幼児期には体験を通した学びを重視する必要がある。子どもは様々な体験をする中で、感じ、気付き、わかることができるようになるからである。また、体験を通して、考え、工夫し、試し、表現することが思考力、判断力、表現力等の基礎となる。それらは学力に必要な三要素と言われ、小学校以上の教育において重視されている。さらに、様々な体験における人との関係を通して意欲や気持ちが育ち、それが態度にもつながっていく。学びに向かう力の土台として人との関係は重要なのである。

（3）幼児期の終わりまでに育ってほしい姿

1）幼児期の終わりまでに育ってほしい姿とは

　資質・能力を育んで卒園や修了までに具体的にどのような姿になってほしいのかを示したのが、図3-2に示す「幼児期の終わりまでに育ってほしい姿」である。これらは、すべての子どもに同じように育つものであるとは言えない。このように、健康で思考力があり、思いやりや自制心に満ちた、感情に左右されない道徳的でバランスのとれた人物に出会うことは難しいであろう。このような姿に育っていないからと指導を強化するのではなく、あくまでも「育ってほしい姿」として捉える。そして、目の前の子どもの育ちつつあるところやこれからの課題を把握し、次の保育を考えていくための目安としたい。

　育ってほしい姿という目標がある時、保育者は「こうなってほしい」という願いが先に立ち、目の前の子どものありのままの姿の受け入れが困難になることがある。大切なのは、今の子どもの姿を認めながら、子どもがもっている資質・能力を可能な限り信じること、結果としてその子どもの資質・能力が引き出されることである。

　それぞれの子どもには得意なこと、不得意なことがある。得意なところ

32　第3章　領域「人間関係」のねらいと内容及び評価

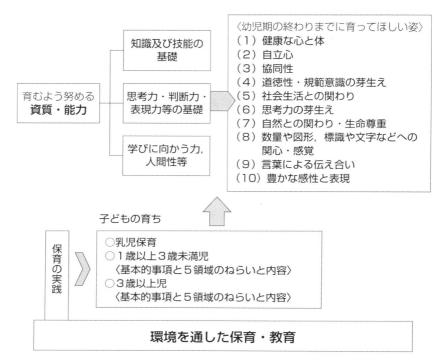

図3-2　幼稚園教育要領，保育所保育指針，幼保連携型認定こども園教育・保育要領の育むよう努める資質・能力と育ってほしい姿，5領域との関係

は伸ばしながら，不得意なところを周囲の協力を得て補いつつ，その後の人生をよりよく送れるように援助したい。目の前の子どもが今どのような発達の過程にあるのかを考え，その時期のその子どもに今，必要な関わりをとらえてていねいに関わっていくことが保育者には求められる。

　幼児期の終わりまでに育ってほしい10の姿の土台には，全項目において人との関わりがある。それぞれの姿にはどのような意味があるのかを考え，理解した上で実践に臨む必要がある。ここでは，例として領域「人間関係」との関係が深い「自立心」「協同性」「道徳性・規範意識の芽生え」「社会生活との関わり」という項目について具体的に考えてみよう。

2）自　立　心

　自立心とは，自分の力で行おうとする気持ちである。実際に自分で「行う」ことと「行おうとする」こととは異なる。自分で行おうとする意欲のもとになっているのは，自己に対する肯定的な感情である。つまり，「〜をしようとすればできる」という自分への自信である。自立心を育てるためには，自己への自信を育てていくことが必要である。

　では，自信はどのような環境において育つのだろうか。自己への自信は，自分一人の力では育たない。まずは，乳児期からの大人との関わりが重要になる。周囲の大人への安心感から信頼関係を育み，その信頼関係をもとに意欲をもって活動していくことができる。また，意欲をもって取り組み，粘り強くやり遂げることが達成感につながり，それが自信になっていく。その過程において，周囲に励まされ認められることも必要である。自分で行うことの背景にはそうした保育者のていねいな関わりがある。

3）協　同　性

　協同性とは，同じ目的をもち心と力を合わせて助け合って物事を成し遂げることである。協力して物事に取り組むためには，相手の気持ちや考えを受け入れたり，自分の思いを相手に伝えたりという伝え合う心や対話をする力が必要になる。対話においてはお互いの違いを前提とし，話し終えた後に納得し合えることが大切である。

　乳児期からの友達と気持ちが通じ合う嬉しさや，同じ体験を共有して喜びを分かち合うなどの体験が，相手の気持ちや考えを受け入れる力につながる。また，2歳頃からのごっこ遊びなどで友達とイメージを共有しながら遊ぶ体験を十分に繰り返すことで，イメージを共有する力が育まれる。保育者は，機会をとらえて相手の思いに気付けるような環境をつくりたい。

　また，共通の目的をもって協力し合うためには自分自身の考えを相手に伝えることも必要である。自分なりの意見をもち，伝えられるのは，日頃からそれぞれの子どもが自分の思いを聞き入れられる体験があるからである。保育者は，それぞれの子どもの思いに耳を傾けながら，お互いにとってよりよい生活のあり方を考えていく必要がある。

4）道徳性・規範意識の芽生え

　道徳とは，多くの人に共通する善悪を判断する基準である。規範とは判断や評価，行為の基準や手本のことである。善悪がわかることやきまりを守ることがなぜ大切なのであろうか。人は社会的な生き物と言われており，どんな人でも他者と何らかの関わりをもって生きている。しかし，人と人が共に生活するとそれぞれの利害がぶつかり合う。例えば，もし他人を傷つけてもよい社会だとすれば，自分がいつどこで傷つけられるかわからない。他人を傷つけないというきまりがあるからこそ，自分も傷つけられる心配なく安心して暮らせるのである。このように，きまりはお互いの権利や安全を守るために必要なのである。

　では，善悪やきまりの大切さを乳幼児はどのように理解するのであろうか。子どもは乳幼児期からの友達とのいざこざや葛藤の体験を通して善悪を理解していくと言われている。乳児期においては，自分や友達が行った行為に対する大人からの働きかけによって良いこと悪いことがあることを知り，泣く怒るなどによって自分の感情を調整することを学ぶ。そのような体験を通して，自分だけではなく相手にも感情があることがわかり，次第に相手の気持ちにも気が付いていく。こうして幼児期の後半には相手を思いやり，お互いの立場を考えながら一緒に自分たちのきまりをつくったり守ったりできるようになるのである。相手に応じて自分の気持ちを調整するためには，泣く，怒るなどの感情を伴った負の体験も必要である。

　善悪の判断はその人が何を大切にするかによって変わるため，日頃から保育者は自分の価値観や態度について振り返り，その是非についても検討しておきたい。

5）社会との関わり

　社会との関わりにおいては，家族や地域とのつながりを感じ，つくる力，情報を得て自分なりに活用する力，公共の施設などを大切に使用する力の育成が求められている。

　現代の家族のありようは様々である。それぞれの家族としてのあり方を尊重しながら子どもが家族と関わる喜びに共感する，行事などを通して家

読んでみよう！おすすめの本

「けんかのきもち」
柴田愛子・文／伊藤秀男・絵
ポプラ社　2001年
　いちばんのともだちのこうたとけんかをしたい。家に帰り，大泣きした。さて，たいはどのように立ち直るのだろうか？
＊友達とのけんかによる負の感情を周りの人に支えられながら立て直す子どもの様子が伝わる絵本。

「いやいやえん」
中川李枝子・文／大村百合子・絵
福音館書店　1962年
　ちゅーりっぷほいくえんに通う4歳のしげる。ちゅーりっぷほいくえんにはやくそくが70くらいある。しげるはいつもやくそくを忘れてしまい…。
＊子どもにとってのやくそくの大切さに気付かせてくれる本。

族への気持ちを表す機会をつくることによって子どもに家族とつながる気持ちが育まれるようにしたい。

　地域とのつながりが希薄になっている現代において，どのようなつながりをつくることができるであろうか。つながりは，日常の小さな関わりから生まれる。地域の公園に散歩に出かけ挨拶をする，地域の祭りに参加し地域の人と話す，地域でのごみ拾いをするといった日常の出来事の中で，子どもたちが地域の人との小さな関わりに喜びを感じられるようにしたい。

　また，情報が氾濫する現代においては，情報を伝える，自分に必要な情報を得る，活用するという力が必要になる。絵本，図鑑，写真など子どもにとって身近な情報を遊びに取り入れる，ごっこ遊びにおいてポスターを作るなど，日常生活の中で情報について学べる機会をつくるようにしたい。

5．保育のねらいと内容

ここからは，乳児期から園生活の修了までの具体的な保育のねらいと内容を具体的に学んでいこう。

(1) 乳児保育

近年，資質・能力の育成にとって幼児期だけではなく乳児期の保育のあり方が重要であることが確認されている。また，共働き世帯の増加に伴い，乳児保育の需要が増えている。乳児保育への期待が高まる中，2017年改訂（改定）の保育所保育指針，幼保連携型認定こども園教育・保育要領においては，乳児期と満1歳以上3歳未満児の園児に関しての記載をこれまでよりも一層充実させている。

保育所と幼保連携型認定こども園の乳児保育のねらいと内容は，身体的発達に関する視点「健やかに伸び伸びと育つ」，社会的発達に関する視点「身近な人と気持ちが通じ合う」，精神的発達に関する視点「身近なものと関わり感性が育つ」という3つの視点から示されている。この3つの視点は切り離して考えるのではなく，乳児の保育所や認定こども園での生活全般を通して大切にする必要がある。

では，この3つの視点の基盤になっている乳児の発達に関する理論について確認し，保育者の乳児への関わりのあり方について理解しよう。

1) 愛着（アタッチメント）

イギリスの児童精神科医ボウルビー（Bowlby, J, 1907-1990）は，1958年に愛着という考えを提唱した。家庭で養育できずに，施設で育てられた子どもたちに心身の発達の遅れや死亡率の高さが見られるのは，特定の大人との密接な関わりをもてないことが原因であると示したのである。

愛着とは，特定の他者（養育者）に対して抱く親密で情緒的な絆（心の絆）のことである。また，アタッチメントは特定の他者と「くっつく」ということも意味している。自立に向けての乳児と大人の関わりは，まず

「くっつく」ことから始まる。

　乳児が，怖さ，不安などのストレスを感じた時に，養育者に抱き上げられ，あやされることでその不安が解消することがわかっている。乳児は世話を受けることなしには生きていけず，世話を受けることによって社会で生きていくために必要な力を身に付けるのである。ここで大切なのは「特定の他者」による保育であるということである。「特定の他者」というのは一人だけを指すのではない。例えば，家庭では母親，父親，祖父母であるかもしれないし，保育所ではいつもと同じ保育者である。乳児は特定の他者つまり養育者から不安な時ストレスを感じた時に，「不快」を「快」に変えてもらえた体験が心地よさとなり，養育者に対する愛着が築かれていく。そのため，まずは乳児が安心して過ごせる環境をつくり出すことが大切である。また，愛着には順位があるので子どもがしっかりと愛着を築いた養育者とつながりたい気持ちを理解して関わるようにしたい。

　ところで，乳児は「不快」を泣くという行為で示す。「不快」が「快」になるという感情体験は，乳児が泣くことで環境に働きかけ，快になることを通して得られるものである。不快が快になる体験は環境に働きかけたら変化するという自己への効力感につながり，その後，自分から環境に働きかけていく力になる。そのため，先回りして乳児の欲求を満たすのではなく，乳児の欲求を示すサインに応じて関わる応答的な保育が大事になる。

　また，生後3か月頃にはあやしかけると笑い返すなどの社会的微笑と呼ばれる反応が現れる。この頃の，社会的微笑などはとても可愛らしく，抱いてあやしたり，玩具で遊んだりの関わりが楽しくなってくる。反応のよい子どもとの関わりがつい多くなってしまいがちなので，それぞれの子どもに対して応答的に関わるようにしたい。

2）人見知りと分離不安

　生後7～8か月頃には見知らぬ他者を見て，泣いて怖がったり嫌がったりするようになる。こうした現象が人見知りと呼ばれている。また，養育者がそばを離れようとすると不安がって泣くようになる（分離不安）。これは，養育者（特定の他者）との心の絆ができ，愛着関係が築かれているか

らであると言える。そして，特定の他者を乳児が認識できているからである。人見知りの理由を理解した上で，見知らぬ他者への不安な気持ちをしっかりと受け止めていく必要がある。こうした対応によって，乳児の安心の基盤としての養育者への信頼感が確かなものとなる。

3）基本的信頼感

生後からの特定の他者との愛着関係の築きを通して，特定の他者に対してもつ信頼と安心の感覚のことを基本的信頼感と言う。「この人といると安心だ」「怖いときは守ってもらえる」といった基本的信頼感があることで，その後，人に対して安心して自分なりに関わっていくことができる。そのため，基本的信頼感は人と共に生きていくために最も重要な感覚であるといえる。基本的信頼感の形成過程において得られる，自分は愛されていて周囲に認めてもらえる，支えてもらえるという感覚が自己肯定感につながる。自己肯定感は，その後，主体性をもって活動していくための基盤になる感覚であるから大切にしたい。

4）社会的参照

基本的信頼感を形成できた子どもは，その基本的信頼感を心の基地として積極的に外の世界に出かけていこうとする。このように，乳児が外の世界を知ろうと新しい場所，物，状況に対して好奇心をもって探る活動を探索活動という。探索をしながら，見知らぬものや人，よくわからない状況に出会ったときに，「あれは何？」と養育者の顔を見ることがある。これを社会的参照と呼ぶ。養育者の表情から安心感を得て，子どもは活動の範囲を広げていく。このように，子どもの世界は保育者との信頼関係をベースに次第に広がっていき，幼児期へと続いていく。保育者には，子どもが保育者を心の基地にしていることを自覚し，子どもに応えていくことが求められている。

5）喃語と指差し

乳児期の保育者との関わりは後の言葉の発達にも多大な影響を与える。

生後2～3か月頃から乳児は機嫌のよいときには「アー」「ウー」などのどの奥からクーイングと呼ばれる柔らかい声をだすようになる。また，

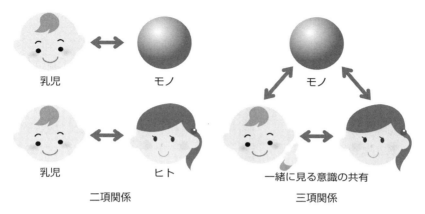

図3-3　二項関係から三項関係へ

　4か月頃になると「アーアー」「バー」などの喃語を発するようになる。こうした乳児からの声に，同じ言葉で返したり，「ご機嫌だね」「おしゃべりできるのね」など状況に合った言葉を返すことが，言葉を発する意欲ややり取りの楽しさへとつながっていく。

　また，基本的信頼関係ができてくると，保育者と自分が同じモノを見ていることに気が付き，同じモノをみて気持ちを共有できるようになる。これを，三項関係の成立という。これまでは，スプーンに夢中になっているときはスプーンを見る，人と遊んでいるときは人を見るといった二項関係であったが，三項関係になり同じモノを見て共有できるようになる。そして，指差しが始まる。例えば，犬を見て「アッ，アッ！」，車を見て「アッ，アッ！」など言葉にならない思いを指差しで示すので，保育者は「ワンワンいるね」「ブーブーだね」など言葉を添えて応える。そうした関わりの繰り返しによって，次第に，「ワンワン」「ブーブー」といった言葉が生まれてくる。その際，子どもと同じモノを見ていることがわかるように目線を共有すると子どもと保育者との気持ちがつながっていく。

　乳児期の発達を理解した上で，保育所保育指針，認定こども園教育・保育要領の乳児保育のねらいと内容を確認しておこう。

(2) 1歳以上3歳未満児の保育

1歳以上3歳未満児の保育のねらいと内容は，5領域に分けて示される。領域「人間関係」のねらいと内容に即して大切なことを確認していく。

1）安定した園生活の基盤としての保育者

自分を温かく迎えてくれる保育者との信頼関係は，安心して園生活を送るための基盤になる。そのため，保育者はまずは子どもの気持ちを受け止めることによって，信頼関係をつくり，子ども一人一人が自分なりにやりたいことに取り組めるようにする必要がある。

2）自我の芽生え

個人差があるが，1歳前後で歩行ができるようになり1歳半頃から「自我の芽生え」が見られようになる。「わたし」や「ぼく」という養育者とは違う自分という意識ができてきて，「ジブンデ！」「イヤ！」「〇〇チャンノ！」と自己主張をするようになることを自我の芽生えという。

保育者は自己主張が自我の育ちにつながることを理解し，子どもが自分の思いを伝えられるような雰囲気をつくることが大切である。しかし，自己主張をしても要求が思い通りにならないことや友達との主張のぶつかり合いなどを通して，自分の思いが通ることや通らないことがあることに気が付く。それにより他者の存在に気付いたり，自分というものを意識したりするようになる。そのため，保育者はそれぞれの子どもの気持ちを受け止めながら，友達同士の仲立ちをし，きまりがあることで友達との生活を快適に過ごせることに気付くような援助をする。その際，保育者には言い方や行動にも配慮して子ども同士の関わりのモデルになることが求められている。

3）他の子どもとの関わり

・相手の思いへの気付き

乳児期から同年齢の子どもと毎日一緒に過ごせるのが，保育所や幼保連携型認定こども園のよさである。この時期は同じ場で同じ遊びをする並行遊びが見られる。個々に同じ遊びを行う中で，他の子どもを意識する，一

緒に声を出して喜ぶなど共鳴し合う姿がある。子どもたち同士が一緒に過ごす喜びを感じられるようにしたい。

　また，物の取り合いなどのいざこざを通して相手には自分とは違う思いがあることに気が付き，自分の思いを相手に伝えていくなど，他の子どもとの関わり方を少しずつ身に付けられるように援助をする。

・**模　倣**

　この時期の子どもには，自分から積極的に身近な人の真似をする姿が見られる。隣の友達が座ると自分も座る，足をバタバタさせると自分もバタバタさせるなど様々なことを真似て取り入れている。子どもはこのような真似を通して，他の子どもに興味をもち，自分の中に他の人の姿を取り入れている。年上の子どもの遊ぶ姿を真似る，保育者が泣いている子どもを慰めるのを見て，自分も他の子どもを慰めるなど人の姿を真似て生活の仕方などを学んでいる。子どもにしてほしい行為を保育者自らが行えば，子どもが自ら進んでその行為を取り入れることができる。

・**ごっこ遊び**

　1歳頃から乳児はモノを何かに見立てて遊ぶ「見立て遊び」，自分が何かになりきって遊ぶ「つもり遊び」をするようになる。「見立て遊び」や「つもり遊び」を通して，イメージが広がり想像する力が育まれる。想像力はその後の創造力にもつながる。そのため，この時期は見立てやつもりの世界を大切にしたい。子どもたちの中では，イメージの世界と現実の世界の明確な区別はなく，ぬいぐるみのおしりを洗おうとトイレで濡らしてしまうなど思いもよらない出来事が生じる場合もある。イメージの世界で遊んでいる子どもの思いを理解した上で対応をしていく必要がある。

　また，次第に他の子どもとイメージを共有しながら遊ぶごっこ遊びも見られるようになる。ごっこ遊びを通して，子どもは社会での生活のあり方を学び，友達とイメージを共有し合う喜びを感じる。友達とイメージを共有し合うことが，後の「協同性」につながることを意識してごっこ遊びが十分にできる環境を整えたい。

(3) 3歳以上の領域「人間関係」のねらいと内容

　3歳以上の保育においては，保育者や友達と過ごす中で一人一人の子ども同士が集団として育ち合う姿を大切にし，幼児期の終わりまでに育ってほしい10の姿を意識しながら関わっていくことが望ましい。以下に示すねらいが，4-(3)に示した「自立心」「協同性」「道徳性・規範意識の芽生え」「社会生活との関わり」などへとつながっていくと考えられる。

> 領域「人間関係」[他の人々と親しみ，支え合って生活するために，自立心を育て，人と関わる力を養う。]
> 1．ねらい
> 　(1) 幼稚園（保育所の・幼保連携型認定こども園の）生活を楽しみ，自分の力で行動することの充実感を味わう。
> 　(2) 身近な人と親しみ，関わりを深め，工夫したり，協力したりして一緒に活動する楽しさを味わい，愛情や信頼感をもつ。
> 　(3) 社会生活における望ましい習慣や態度を身に付ける。
> 〔幼稚園教育要領，保育所保育指針，幼保連携型認定こども園教育・保育要領より抜粋〕

1）保育者との信頼関係

　幼児期においても子どもたちは保育者を安定の基盤にして園生活を送る。例えば幼稚園では，3歳児で入園して初めて親と離れて過ごすことや，3歳以上のクラスに進級して多人数の生活へと環境が変わることがあり，子どもは不安な気持ちで過ごすことになる。それぞれの子どもが今どのような心持ちなのかに思いを寄せ，その子どもが自分らしく安心して生活を送れるよう受け入れていくことが望まれる。

2）自立と依存

　「自立心」(p.33)で述べたように，自分への自信と意欲によって子どもは自分で物事に取り組もうとする。とはいえ，乳幼児期は周囲の人に依存しながら成長する時期である。自分でしたい気持ちと大人に甘えたい気持ちの中で揺れ動く姿が見られる。保育者は「自立」のために自分で「させ

る」ことを求めてしまいがちである。しかし，常に大人の言うとおりにさせることが先行してしまうと，指示を待ち，言われたようにしか行動しない心性が培(つちか)われることになる。

　保育者に依存しながらも，次第に自立に向かっていくことを考慮しながら，子どもの思いに寄り添い自分でできたことを共に喜ぶなどの温かい励ましによる援助をしていく必要がある。

3）自己主張と感情調整

　自分の思いを表現できることは自立にとって大切である。したいことや思いばかりでなく，限界（できない）やしてほしいことを表現できることも大切である。幼児の表現は言葉だけとは限らないので，保育者はそれぞれの子どもの思いをくみ取りその子どもが何を伝えようとしているのか読み取る努力をする。自分の思いを理解してもらえたという体験が，自分の思いを表現する意欲や他の友達の思いをくみ取ろうとする原動力になる。

　また，友達との意見のぶつかり合いやいざこざも子どもの自我にとって必要な体験である。自分の思いが通らないことから相手の気持ちに気付き，自己の感情を調整する機会となる。年齢や発達の状況に応じ，子ども同士のいざこざが意味のある体験になるよう援助する必要がある。発達心理学における心の理論では，他者が知っていることと自分が知っていることの区別がつくのは4歳前後と言われており，相手の気持ちの理解に基づく行動は幼児にとって難しいこともある。低年齢のうちはていねいに子どもの気持ちを受け入れつつ，相手の思いを代弁し，相手の思いに気付けるような援助が求められる。そうした体験を繰り返し，次第に自分たちで解決できるようにしていく。しかし，年長児だからといって子どもに任せておけばよい方向に向かうとは限らないので，状況に応じて仲介に入る必要がある。

4）友達との関わり～「協同性」へ

　幼児期には，気に入った友達同士のグループができてごっこ遊びを楽しむなど，友達との結び付きは段々強くなってくる。好きな友達ができることで，遊びも楽しくなり一緒に過ごす喜びを感じられるようになる。一緒に遊びに取り組んだ体験は，友達と協力し合う喜びにつながっていく。子

どもたち一人一人が「友達っていいな」と思えるよう援助したい。

　また，この時期はクラス集団としての子どもたちの育ちを支える必要がある。仲良しグループの子どもだけではなく，クラス集団におけるそれぞれの子どもの良さを互いに理解し合えるようにしたい。

　さらに，友達の意見を聞き入れ，自分の意見を表現して同じ目的に向かって協力し合う体験が「協同性」につながっていく。行事などを通して，クラス全体で同じテーマを共有し協同する活動なども集団としての子どもの力を育むことにつながる。

5）粘り強くやり遂げる力

　自立にとって粘り強くやり遂げようとする気持ちが大切であると言われている。興味や関心がある遊びをしていても，うまくいかないと気持ちが続かないことがある。粘り強くやり遂げる力の原動力になるのは，やり遂げたいという気持ちである。意欲や好奇心をもって人，モノ，出来事に関わり，何かをやり遂げた体験から得た達成感や満足感が，次もまたやってみようという気持ちにつながる。その気持ちはやればできるという自信にもなる。保育者は機会を見逃さず，できた時の喜びを共有することが大切である。また，保育者や他の友達からの励ましもやり遂げようとする気持ちにつながる。友達と協同して行う活動の中でも，同じ目的に向かってやり遂げようとする気持ちが育まれる。

6）望ましい習慣や態度

　良いことや悪いことがあることに気付き，きまりがあることでお互い快適に過ごせるという感覚を育てることが大切である。自分が大切にされた体験，いざこざなどを通して自分や相手の思いに気付く体験，自分や相手を大切にする気持ちなどがきまりを守って生活するために必要である。きまりが必要であるという実感をもとに，きまりを守る心地よさが感じられる環境づくりが保育者の役割だろう。

　また，共同の遊具や用具を大切にする気持ちの土台には，それらを使って楽しかったという体験がある。それぞれの子どもには，お気に入りの遊具や用具があるだろう。そうしたモノへの愛着の気持ちがモノを大切にす

る気持ちにつながる。時には，友達と同じモノや場所を取り合うこともある。このような体験から順番に使うことや，譲り合うことの必要性に気付いていけるようにしたい。保育者は，自己主張をあまりしない子どもが譲る場面が続くということがないよう公正な立場で善悪を判断する必要がある。その他,「社会との関わり」(p.34) についても確認しておこう。

6．人間関係の育ちの理解と評価

　保育の実践を行った後に，その実践を振り返り評価して次の計画につなげていかなければならない。自分自身の実践を振り返ることで自分の保育を客観的に捉える，子ども一人一人への理解を深めることができ，次の保育をよりよいものに変えていくことができる。また，実践と評価の繰り返しによって保育者としての成長につながる。

(1) 評価の方法

1) 日々の保育を記録する

　日々のエピソード記録や日誌，写真，ビデオなどのデジタルデータなどの情報を評価に生かす。これらの記録は，園内研修や他の職員との話し合いの際も自分自身の判断の根拠として示すことができる。記録をとる，評価を行う際には子どもの人権に配慮していく必要がある。

2) 評価の妥当性や信頼性の確保

　まずは，自分自身の実践を振り返り評価することが大切であるが，自分の枠の中だけではなく他の保育者と話し合うことも重要である。自分が気付かなかった子どもの姿を知るなど子どもの理解が深まり，実践や評価の妥当性についての気付きが得られる。そのため，日々の話し合いや園内研修などを通して他の保育者と高め合えるようにする必要がある。

(2) 子どもの理解を評価につなげる

　評価においては一人一人の子どもの理解を通して，実践の振り返りを行

うことが大切である。子どもを理解する際には以下の点に留意しよう。

1）「できる」「できない」ではなく過程を大切にする

次のエピソードを読んでみよう。

〈エピソード〉
　友達との関わりにおいて思うようにならないとどうしても声を荒げてしまう4歳児のAちゃん。今日（11月）も友達と場所取りの言い合いになってしまった。様子をみていると，Aちゃんは友達に「ちょっと待って，Bくんが座るとここが狭くてもう座れないんだよ！」と言葉で説明していた。Aちゃんが声を荒げていたけれど，きちんと言葉で説明しようとしていた姿をみて，4月当初はすぐに手が出てしまっていた頃からの成長を感じた。

　このエピソードでは，友達への関わりの態度に関して，Aちゃんには課題があるが，言葉で今の状況を伝え自分なりに何とかしようとする姿が見られる。保育者はこのように友達への関わり方を課題として捉えながらも，Aちゃんがいざこざを自分なりに乗り越えようとする姿を認めている。育ってほしい姿のイメージをもちながらも，そこに向かっていく子どもの姿を過程として捉えて大切にする必要がある。

2）思いをくみ取る

　子どもが「何に興味をもっているのか」「何を実現しようとしているのか」「何を感じているのか」を読み取りながら保育を振り返る。すると，子どもの思いに対しての自分の行為の妥当性が見えてくるだろう。子どもは言葉で思いを表現できるとは限らないので，言葉にならない身体や行為からその思いを推察していくことが必要になる。保護者や他の保育者の話も参考にしていくことで，自分自身の推察の妥当性が得られるだろう。

　また，振り返りにおいては子どもの行為を否定的に捉えがちである。子どもの行為を冷静に見る視点をもちながら，よいところ，伸ばしていきたいところを探っていこう。

3）活動の一人一人にとっての意味を考える

　同じ活動であっても，それぞれの子どもにとっての意味は異なる。運動が得意なAちゃんにとっては，運動会のリレー練習は活躍の機会であり，

さらなる自信につながる。また、自分だけではなく他の友達の活躍があってこそチームとしての力が発揮できることに気付く機会となる。一方、走るのが苦手なBちゃんにとっては新たな挑戦の機会であり乗り越える体験である。友達や保育者の応援が自分の力になることに気付くきっかけになるだろう。このように、それぞれの子どもにとっての活動の意味を考えながら振り返りを行い、集団全体にとってはどのような体験となったかを考えていくとよりよい保育につなげていくことができる。

まとめの課題

以下の事例を読み、1～3を考えよう。

〈事例〉か～し～て、いいよ　2歳児　4月～11月

[4月] こだわりが強く、自分の気に入った玩具（シャベルとコテ）をいつも持ち歩き遊んでいるA男。他の子が先に使おうとすると、大きな声で泣いたり、追いかけたりし、自分の物になるまで「A男の！」といって泣くことが続いた。その玩具を持っていることで落ち着いて遊んでいる。
【保育者の援助】A男の気持ちや友達の思いをわかりやすい言葉にして伝えていった。
[5月下旬] 友達との順番や貸し借りを繰り返し経験する中、納得できず、泣いて思いを通そうとする場面も多くみられたが、気が向くと自分から「いいよ。はいどーぞ」と1本貸してあげられるようになった。気の合う友達には少しの時間、自分からコテを渡す姿も見られるようになった。
【保育者の援助】できたことを見過ごさずわかりやすい言葉で認める。A男の玩具を使いたい気持ちにも寄り添うことで安心感をもてるようにした。
[7月上旬] 家庭環境が変わり（母親の仕事復帰と弟の入園）、弟の入園を喜ぶとともに、気持ちが不安定になり午後に泣き出すこともある。弟を心配し、中庭で合うと手をつないだり玩具を貸してあげたりする姿が見られる。弟以外にも玩具を貸してあげられるようになってきた。この頃からコテよりもカエルや虫探しに夢中になるA男の姿が見られるようになる。
【保育者の援助】母親をねぎらいながら、母親に園での様子を伝える。園ではスキンシップをとったり、午睡で入眠するまでそばにつき、安心して過ごせるようにした。
　A男の友達と向き合おうとする姿を認め、心の葛藤に共感していくと同時に、わかりやすい言葉で友達との仲立ちをしていく。
[9月上旬] 友達の「か～し～て」に「…はい、いいよ」と答え、「ありがとう」と言われる姿が見られるようになった。

1．A男はなぜシャベルとコテをいつも持って遊んでいたのだろう。
2．A男が友達にシャベルを貸すことができるようになった背景にはどのような保育者の対応や，友達との関わりがあったのか考えよう。
3．事例を踏まえて，この頃の子どもに対する保育者の対応のあり方を話し合ってみよう。

 まとめの課題2

実習などで対応に戸惑った事例（子ども同士の人間関係，自分との関係等）について記録し，どのような対応が必要であったのかをグループで話し合ってみよう。

参考文献
・松下佳代編著：〈新しい能力〉は教育を変えるか，ミネルヴァ書房，2010
・文部科学省：幼稚園教育要領，フレーベル館，2017
・厚生労働省：保育所保育指針，フレーベル館，2017
・内閣府・文部科学省・厚生労働省：幼保連携型認定こども園教育・保育要領，フレーベル館，2017
・国立教育政策研究所：資質・能力　理論編，東洋館出版社，2016
・松尾知明：21世紀型スキルとは何か　コンピテンシーに基づく教育改革の国際比較，明石書店，2015
・無藤隆編：育てたい子どもの姿とこれからの保育，ぎょうせい，2018
・民秋言編：幼稚園教育要領・保育所保育指針の成立と変遷，萌文書林，2008
・汐見稔行／無藤隆監修：保育所保育指針　幼稚園教育要領　幼保連携認定こども園教育・保育要領解説とポイント，ミネルヴァ書房，2018
・無藤隆編著：幼児期の終わりまでに育ってほしい10の姿，東洋館出版社，2018
・遠藤俊彦：赤ちゃんの発達とアタッチメント，ひとなる書房，2017
・内田伸子編：発達心理学キーワード，有斐閣双書，2006
・加藤繁美：0〜6歳　心の育ちと対話する保育の本，学研，2012
・北川達夫・平田オリザ：ニッポンには対話がない　学びとコミュニケーションの再生，三省堂，2008

第4章　0歳児の人との関わりと保育

📖 予習課題

・あなた自身が0歳児の頃の写真を見てみよう。
　一人で写っている写真，家族と写っている写真，モノと写っている写真を見て，写真のあなたの表情や状況から，その時の気持ちを想像してみよう。

　私たち人間は，母親という"人"から生まれ，様々な"人"と出会い，"人"と関わりながら生活をしていく生き物である。

　赤ちゃんはまず初めに最も身近な大人（主に母親であるが，必ずしも母親であるとは限らない）と親密な関係を築き，そこでの安定した関係をもとに，徐々にほかの人や物と関わりをもつようになり，成長していく。赤ちゃんが最初に他者と関係を形成する多くの場合，対象は母親であると言えるので，前半は赤ちゃんと母親との関係をもとに，0歳児の人間関係の形成の過程について考えていくこととする。

1．胎内〜出生：人との出会い・"出会う・会う"

　赤ちゃんは生まれてくる前からすでにお母さんの胎内で生き，育っている。赤ちゃんはお母さんのおなかの中でどのように過ごしているのだろうか。現在では，3D超音波写真（もしくは，4D超音波写真）などで，おなかの中での姿を母親は妊婦検査の時，見たり写真に撮ってもらえたりするため，親の方が先に子どもの姿を見て一方的に出会うことが可能となっている。直接的な"出会い"ではないが，一種の"出会い"であることには違

いない。その一方的な出会いを通して，子どもの誕生を心待ちにする気持ちは助長される。一方で，赤ちゃんの方は，生まれた瞬間，今までとは全く違った環境に身を置き，初めて人に出会うことになる。最初に赤ちゃんに触れる人は産科医であったり，助産師であったりする場合がほとんどだと思うが，生まれてすぐに母親の胸に抱かれる場合も多く，ある意味，この瞬間が子どもにとって最も意味深い—母親・赤ちゃん双方にとって意味のある，感動的な—出会いになるのではないかと考える。

筆者の出産の日の様子を振り返ると，生まれてきたわが子を分娩台の上で初めて抱かせてもらった時，「やっと会えた……」と感激し，「生まれてきてくれてありがとう」と，かつて感じたことのない幸せを感じた。赤ちゃんの思いは知り得ないが，一人一人の子どもは誕生とともに，周囲の人に幸せをもたらす存在となり，周囲の人にとってかけがえのない存在となっていることを，保育に携わる者は忘れてはならない。生まれて，家庭で大事に育てられ，後に保育者に出会うのが目の前にいる子どもであることを忘れずに，子どもに向き合っていくことが保育者には求められる。

事例4-1　目に見えない関係性・安心感

> 筆者の子ども（タカノ）が生まれた日のこと。出産後，病院のベッドに横たわってゆっくりしていた時，タカノが看護師に抱かれ，新生児室から母親の元に連れられてきた。そして，筆者の横に寝かされた時，不思議な光景を目の当りにした。連れられてきた時，筆者をはじめ，その場にいた家族はみんなでまだ名もなき赤ちゃんを歓迎した。しかし，一気ににぎやかになったためか，タカノは泣きだしてしまう。そこで，大人たちが口々にあやす言葉がけをするのだが，一向に泣きやまない。ところが，母親である筆者が，おなかの中にいたころに語りかけていた呼び方で語りかけるとピタッと泣きやんだのである。最初はみんなが偶然であると思っていたが，数回，同様なことが続くと，それは偶然ではなかったと思えるようになり，その不思議さをその場にいたみんなが経験し，感心し，おなかの中にいた時からの母と子の結び付きを実感した。

赤ちゃんは，すでに母親のおなかの中で，母親と臍の緒でしっかり結び付き，約10か月を生きてきて，やがて生まれてくるのである。考え方に

よっては，すでに赤ちゃんもおなかに語りかける母親・父親の声に出会っており，生まれた時，初めて"会う"に過ぎないのかもしれない。

このように，生まれた日から母親の声を認識し，相手を喜ばせ，さらに他者が働きかけたくなるような力を子ども自身は身に付けて生まれ，大人は子どもの働きかけに心地よく乗せられる形で，お互いに関わりを深めていく一面もあるのではないだろうか。大人にとって，"世話をしてあげなければならない存在"という一面的な存在ではないはずである。

2．出生〜3か月未満：特定の相手とのコミュニケーション

生まれたばかりの赤ちゃんは一般的な意味での言葉はもたないが，とても雄弁にいろいろなことを周囲の大人に語りかける。喃語(なんご)を発する前の時期から，身の回りにいる大人と，第三者にはわかりにくいが，当人同士がわかり合うコミュニケーションが取れている。この時期は不特定多数の人と関わる機会はあまりないため，特定の人と関わることが多いとはいえ，子どもは確実に，適切な表現で，様々なことを伝えてくる。

事例4-2　2か月のある日

> タカノのベッドの頭上につけてあるベッドメリー（オルゴールメリー）を母親が掃除をする際，動かしてしまったためか，音楽を鳴らしてあげても人形が壁にぶつかってしまい，うまく回転しなかった。はじめ，そのことに母親は気付かなかったが，タカノが声を出して訴えたため，気付くこととなる。いつもは曲が鳴るとメリーを見て上機嫌なのに，怒ったような声が聞こえてきたため，母親がいつもと違う様子に気付き，タカノの目線を追ったことからわかったのである。そこで，角度を直してあげるとスムーズにメリーが回り，ようやくタカノも上機嫌になる。

この時期になると，表情や声を用いて意思表示をするようになってくる。また，その伝え方が的確で感心させられる。このような状況の時，子

どもが訴えることを理解し，対処してあげることで"言いたいことをわかってくれる！""不快さを訴えれば伝わり，心地よさが得られる"という人に対する信頼の気持ち（絶対的信頼）が芽生えてくるのではないだろうか。これらの姿は，子ども自身の発達による姿という一方的な姿ではなく，他者と築いた関係の中で表出できるようになった子どもの姿，子どもの表出を理解してあげられるようになった大人の姿の双方を示していると言えるだろう。この時期の赤ちゃんと大人のコミュニケーションについては，双方の関係性を抜きにしては語ることはできない。

3．3か月〜おおむね6か月未満：応答的に関わってくれる他者との情緒的な絆

　0歳児クラスがある保育所で産休明け保育を実施している場合，最も幼い子どもは出生後57日目（場合によっては43日目）で入園してくることとなる。出生後3か月目の時から，家族以外の特定の人と，徐々にしっかりとした関係を形成しつつ，そこで生活をしていくことになる。家庭で育つ子どもたちは3か月頃になると，場面によって"絶対お母さんがいい！""お母さんでないといや！"というサインを強く出してくる時期なので，園生活という集団生活の中でも，保育者がじっくり子どもと関わり，子どもの欲求を察知し，良好な関係を築くことが大切になってくる。また，0歳児の場合，子どもの小さな変化も見逃さずに大切にキャッチしていくために担当保育者を決め，子どもと保育者の関係を大切にする保育所が多い。実際，0歳児クラスの子どもたちの様子を見ると，"いつもの保育者ではない"ということだけで離乳食の進み具合が違う場合や，抱かれ方によって寝つきが違う場合がある（多くの場合，0歳児の保育においては"担当制"もしくは"ゆるやかな担当制"の形をとって保育に当たることが多いが，園生活が様々な意味で集団生活であることには間違いがなく，"いつも，必ず"というわけにはいかない場合もあるのが現実であると言えるだろう）。

　これは，いわゆる"人見知り"とはまた違った形で特定の人を求める姿

だと思われる。

この月齢の時はまだ家庭で生活をしていたタカノの様子を見ておこう。

> **事例4-3** 　3～4か月頃の家庭でのタカノの姿（育児日記より）
>
> 　眠くなると大泣きをすることが多々あり。そういう時はママでないと手が付けられない状態になります。そこがまたかわいい！
> 　寝る気配のないタカノの隣で，ママの方が眠くなり，目をつぶって寝た振りをしてみると，スリスリと寄ってきて鼻をなめる。パパに報告すると見たがったため，もう一度ママがチャレンジをすると，またスリスリと寄ってきて同じように鼻をなめる。しかし，パパが同じようにやってみると，全く寄ってくることもせず…。

事例4-3は，タカノの育児日記の一部抜粋である。抱いて寝かせてくれる不特定他者，擦り寄っていってちょっかいを出せる不特定他者を求めているのではなく，特定の人，母親をタカノ自身が限定し，求めている姿が読み取れる。そのベースには，応答的反応を求める子ども自身の姿と，応答的反応を示す大人の姿があり，様々なやり取りを通して，すでに二者の間にはしっかりとした情緒的な絆が形成されており，その特定の人を求める姿だと言えよう。したがって，保育者の場合も同様で，子どもと関係を形成する際，いかに子どもの要求・気持ちに応答的に反応し，子どもからのサインを読み取り，そこから関係を築いていけるかが課題になってくる。課題である一方で，そこでしっかり関係が築ければ，子どもは早い時期に親以外の人ともしっかりした二者関係を形成し，人間関係を広げていくこととなることを理解しておくことも必要である。

4．おおむね6か月～ ：見て真似る・自分なりに関わってみる

現在，働く女性は「育児休業，介護休業等育児又は家族介護を行う労働者の福祉に関する法律」（通称：育児・介護休業法）の第5条に則って，育休

制度を取得している。子どもが保育所に入所しやすい時期に仕事復帰できるよう配慮する形で，2017（平成29）年10月に法改正されたが，様々な事情，考えの中で，働く女性の復帰の時期には幅があり，待機児童の問題の中で，現状を鑑み，育休を切り上げる場合もある。いずれにせよ，職場復帰する時期は，子どもの1歳前後の時期がある一定の割合を占めていると言え，多くの子どもたちが1歳前後で集団の場に身を置くことになると言えるだろう。1年間，主に母親とゆったり過ごし，情緒的な関係が深まっている場合，初めて長時間離れて過ごすことになる"入園"の時期には，"大泣き"をすることで分離不安を訴えることが多い（中には数か月たったころ，改めて分離場面で泣きだす子どももいる）。親としては，"大泣きをされると切ない""大泣きされなくても切ない"という，相反する気持ちを抱えながら，子どもたちと離れ，子どもを子どもの世界へ送り出すこととなる。母親との分離不安はありつつも，子どもにとっては新しい世界が目の前に広がる。他者への興味もグーンと広がるのがこの時期・このタイミングであり，子どもは確実に自分の世界へと飛び立っていくことになる。

　1歳の誕生日を期に職場復帰した筆者とタカノとの日常をもう少し追ってみることとする。

　この時期のタカノは，おそらく初めての長時間の母子分離を経験し，戸惑い，葛藤をし，初めて出会った保育者との関係づくりも試行錯誤をしながら"泣く"ことで様々な気持ちを訴えていたと思われる。しかし，一方で，家庭での刺激とは比べものにならない世界へ飛び込んでいったことにもなる。そこで，泣きながら"見たこと"，泣きながら"経験したこと"を，自分なりに再現し，自分なりに遊ぶ姿も見られるようになった。他者と共に場を共有したからこそ得られた刺激だと言えるだろう。

事例4-4　　見る⇒遊びに取り入れる⇒遊びが広がる

　タカノは入園当初，しばらくの間，泣きっぱなしで，朝，園の門に近づくだけで泣きだしていた。
　園に慣れるため，徐々に時間を長くしていった時期も，泣きっぱなしで過ご

> すことが多く，泣かずに別れることができるまでにかなりの時間を要した。そんな中，自宅にもどると園で見たことを再現して遊ぼうとする姿が見られるようになった。筆者自身，おんぶひもを用いてタカノをおぶうことはあまりなかったが，タカノが自分自身の抱っこ・おんぶ兼用の抱っこひもの上に，お気に入りのぬいぐるみを置き，自分の背中に背負わせてほしいと訴えたり，ぬいぐるみを寝かせ，布団に見立てたものをかぶせてはトントンをしてあげる姿が見られるようになった。また，タカノ自身がよく泣いていたころ，お迎えにいくと，先生から今日のタカノの様子を教えてもらった際，「タカちゃん，優しいんですよ！ 泣いている小さいお友達にトントンしてあげたりするんですよ！ 物を持ったままトントンしてもっと泣かせることもあるんですけど……」と言われることもあった。

このころより，頻繁にお世話遊び（ぬいぐるみのおんぶ・抱っこ，寝かしつけ等など）をするようになったのは言うまでもない。家庭で大人と過ごしていた時には見る機会のない場面，得ることのない刺激を見て，得て，その体験をそのまま遊びで再現する子どもの姿を目の当りにすることとなった（家庭では自分がされる世話は，客観的に"見る"ことができないため，遊びには再現しにくいのだと思われる）。また，友達同士の関係においても同様のことが言える。まだまだ年齢的には友達との人間関係を言及されることは少ないが，子どもたちは子どもたちなりに，人間関係の中で生き，友達の姿を視野に入れながら生活をしているのである。

事例4-5　友達同士（連絡帳より）

> 今日はお母さんとバイバイした後，時間が経ってほかのお友達のお母さんを見てタカちゃんがぐずりだしていると，隣にいたアキト君がタカちゃんをじっと見て，抱きしめていました。びっくりして涙がピタリと止まったタカちゃん，とっても驚いていました。

この事例は保育者が保護者である筆者に連絡帳で伝えてくれた，ある日のタカノの姿であった。アキトの行動の意味は何だろう。予測に過ぎないが，1歳になりたてのタカノとアキトは園生活の中でお互いに共感し，共鳴しながら生活をしているからこそ，アキトがタカノの気持ちを察し，

"抱きしめる"という行為をしたのではないだろうか。これは，保育者の行動の模倣と言うより，アキトのタカノへの共感的理解に基づく行動だと思われる。他者の気持ちを察し，タカノをアキトなりに慰める姿が，0歳児クラスでも見られたと言えるだろう。

> **事例4-6　入園後3か月がたった日（育児日記より）**
>
> 　遅めの登園だったタカノ。上着を脱いで，朝の支度をしている間に，1歳児クラスの子どもたちとタカノのクラス（0歳児クラス）の子どもたちが一緒に集まりはじめ，タカノが気にしている様子だったので急いで連れていくと，保育者に抱っこをしてもらって，ちょこんと座り，いつも別れを惜しむ母親のことはそっちのけ……。すでに集団に目覚めているのか？　目もあわせずに手を振ってお別れをした。（3月10日付）
> 　集まりの途中に登園すると，今度は自分からハイハイでみんなの方に向ったので，仕切りを越えさせてそちらの方に行かせてあげると保育者の方へ。しかし，ちょうど終わってしまい，保育者が立ってしまうと泣いて訴えて，保育者が抱っこをしてくれると泣かずにママとはお別れができた。タカノも大きくなったものだ！（3月13日付）

　入園後3か月にもなると，タカノは保育所の中で自分の居場所を見出し，一緒にいて安心できる保育者・友達ができたことが読み取れ，すでに"みんなの中の自分"を無意識の中でもっていることが予想される。

　0歳児クラスの子どもたちは，月齢によって様々な姿を見せるし，生活のペースも様々である。一人一人の子どもの性格などによっても様々な表現の仕方をするのは当然だが，大人が思うよりも人の中で生き，人の動きを見て，人の中で楽しみ，人の中で行動できつつあると言えるだろう。

> **まとめの課題**
>
> ○身近な場所（例：公園やレストラン，デパートやショッピングセンターなどの赤ちゃん休憩室）で赤ちゃんと大人との関わりを観察し，感じたことをまとめてみよう。

第5章 1歳児の人間関係の育ちを支える

📖 予習課題

・あなた自身が1歳児の頃の写真を見てみよう。
　一人で写っている写真，他者と写っている写真，モノと写っている写真を見て，写真のあなたの表情や状況から，その時の気持ちを想像してみよう。

　一人一人の子どもは，生まれてから，特定の人との関わりを経てその人とのしっかりとした関係を築き，その関係をもとに自分自身の世界を広げることができるようになる。1歳から2歳にかけての子どもの世界の広がりを考える上で，運動機能の発達と言葉の発達は切り離せない，と言えるだろう。一方で，それらは個人差が顕著に表れるものであり，この年代は特に個人差の幅が広い時期でもある。

　運動機能について見てみると，じっと寝ていて"泣く・笑う"などの方法を用いて人と関わりをもっていた子どもが，徐々に寝返りができるようになり，ハイハイをするようになり，つかまり立ちをしはじめると，つかまり歩きができるようになる，というように，少しずつ自分の意思での移動が可能になる。また，個人差はあるが，1歳前後で一人で歩行ができるようになり，気が付けば走って遊ぶようになっていく。移動の手段が増え，視野が広がり，行動範囲が広がってくると，そこで出会う他者も増え，関わりも増えると言えるだろう。

　発語について見てみると，喃語(なんご)を用いての非言語的コミュニケーションから，徐々に意味をもつ言葉が増え，単語での表出から2語文・3語文で意思を伝えられるまでに成長する時期であり，場面場面での意思表出の方

法も豊かになっていく。ただし，言葉の発達は月齢を追って語数が増える，という単純なものではなく，言語を用いて伝えたいコトがあること，身近に伝えたくなる人がいること，たどたどしく伝える子どもの声に耳を傾ける時間的なゆとりが子どもの周辺にあること，などが要件となる。したがって，行動範囲が広がり，様々な気持ちを経験し，それを言葉として相手に伝えることができつつある子どもたちの姿にていねいに付き合い，徐々に明確に表れる子ども一人一人のその子らしさ（興味・関心のあることに対する一人一人の子どもの姿，人との関わりにおいて見せる一人一人の子どもの姿）をしっかり支えていくことが，1歳児クラスの保育には必要となってくる。

　0歳児クラスの子どもたちは，一人一人が個々人の生活ペース（特に睡眠や食事）で過ごすことも多いが，1歳の誕生日を経て2歳代になっていく子どもたちの集団である"1歳児クラスの子どもたち"は，個々の育ちを周りの大人にしっかり保障されながら，一方で徐々に共に生活をする他児に目が向き，気持ちが向き，意図的に"共に"を楽しむことができるようになってくる。人との関わりがグーンと広がるのが，この時期の子どもたちの姿である。子どもたちの生活を見てみよう。

1．広がっていく世界：特定の大人との信頼関係を基盤とした探索活動

　0歳の子どもは特定の大人との情緒的絆を深めながら，周囲の人やモノへの関心を広げ，自分なりに受け止めてきた。1歳前後から一人で歩きはじめるようになると，ますます自らの行動範囲を広げ，これまで以上に身近な人やモノに関心を寄せ，働きかけていく（探索活動）。このように世界をどんどんと広げていく支えとなるのが，これまでじっくりと築いてきた特定の大人との絆，信頼感である。

　特定の大人との信頼感を十分に感じるようになると，身体の発達とともに行動が広がるうれしさや好奇心に後押しされ，徐々に大人の近くを離れ

1．広がっていく世界：特定の大人との信頼関係を基盤とした探索活動　59

探索をしていく。しかし，ふと不安になったり驚いたりして気持ちが揺れ動くと，特定の大人のもとにもどり，大人の存在を確かめることで安心して，また探索に出かけていく。こうしてどんどん活動の範囲を広げていく。このような特定の大人との関係は，子どもが自分から世界を広げていくための支え（安全基地）となるのである。

次に紹介するのは，特定の大人との関わりを基盤に，行きつもどりつしながら自らの行動を広げていった事例である。

事例5-1　安全基地

　アキは，０歳の頃から身近な大人と一緒によく公園に遊びにいっていた。１歳を過ぎ，公園でも自分で歩いて移動しながら遊べるようになってきた頃のこと。はじめのうちは恥ずかしい気持ちもあり，その大人の側を離れて遊ぶことはなかった。しかし，しだいに一人でほかの子どもたちのいる砂場に行き，遊ぶようになった。
　よく見ると，時々その大人のところに来て膝に触れ，また砂場に行って遊びを続けている。何か大人に具体的な用があったわけではないようだが，何度か同じように大人の身体のどこかを触っては，またもどって遊び続けるのだった。
　そのような日が何日か続き，少しずつ大人のところに来る回数が減り，そのうち一度も来ることなく遊ぶようになった。代わりに，時折，砂場から大人の方に顔を向けることが多くなった。そして，目を合わせ笑顔を交わすとまた遊び続けた。
　ある日公園に行くと，いつもいる子どもたちより少し年上の男児がすべり台で遊んでいた。すると，アキは大人から離れようとせず，大人の側で砂遊びを始めた。少し時間がたち慣れてきたのか，離れても遊んでいたが，時折大人の身体に触れてまた遊びにもどるという，少し前までよく見られた姿を再び見ることとなった。

このように，特定の大人との関係を基盤としながら，少しずつ時間も距離も大人から長く離れて自分のやりたいことを楽しむことができるようになっていく。事例では，直接膝に触れて大人との関係を確認していたのが，そのうち目を合わせるだけで感じられるようになっているようである。言い換えれば，直接確かめていた特定の大人の存在を，心の中で感じ

ることができるようになったと考えられる。

　1歳児クラスに進級した子ども，新しく入園してきた子どもにとっては，まず保育者が"特定の大人"という存在になることが大切である。0歳から培ってきた人への信頼感を基盤として，新たな大人（保育者）との特定の関係を築くことが必要となる。これは子どもにとって，様々な人との信頼関係を実感し，広げていく経験となる。

　また保育者は，子どもにとっての特定の大人として，子ども気持ちが揺れ動いた時にもどってきたり，関係を確認したりして安心できる存在でいる必要がある。集団保育では，同時に何人かの"特定の大人"であることになり，工夫が必要となるが，子どもが大人から離れて遊んでいる時にも，ふとした時に確認できる位置や，視線の向け方などを意識しておきたい。

2．自己主張

　言葉で訴えるだけが自己主張ではない。1歳児クラスの4月頃の様子を思い浮かべると，気持ちを言葉で訴えることができる子もいれば，まだ言葉では思いを伝えることができず，言葉にならない身振り・手振りや表情で思いを伝える子どもも多くいる。したがって，言葉にならない部分をていねいに読み取る必要がある。発語の差は，この年代が最も大きいと思われるため，一人一人の自己主張をどのように受け止めるかが，保育者にとっての課題となるだろう。

　子どもは，一般的に大人が思っているよりも早い時期からかなり強い意思表示をし，自己主張をする。はじめは自己主張するようになった姿を見て，自己主張"できるようになった"と好意的に受け止められ，喜ばれることが多いだろう。しかし，徐々に自己主張は"自分の意思を通すための強いサイン"となる。思いどおりにならなかった時，子どもは気持ちを立て直すのに相当な時間とエネルギーを費やし，そこに付き合う大人に忍耐力が求められる場合がある。一般的に3歳前後が自己主張のピークのよう

に思われるが，1歳の年齢なりの自己主張がはっきり見られる。

> **事例5-2** 自己主張（連絡帳より）
>
> タカノはスープがお気に入りだったようで，スープの後にお茶のカップを渡すと怒って，スープの空のカップを差し出してきました（筆者注・1歳の誕生日を過ぎて間もない時期）。

　これは，1歳を過ぎたばかりの時期の連絡帳に書かれていた園での姿であり，子どもなりの主張である。おそらく言葉での訴えよりも雄弁に，態度で自己主張をしていたと思われる。年度初めの4月当初はこのような方法で主張をする子どもと，1歳11か月ぐらいの，すでにある程度，言葉で気持ちを語り，訴えることができる子どもが共に生活をするのが1歳児クラスである。手段はどのようなものであれ，気持ちをありのままに表出していい，という雰囲気をつくり，その気持ちを受け止めながら子どもに向き合っていく。これが保育の中では大切なのではないだろうか。

　もちろん，強く自分を出す子どもと，そうでない子どもがいることもしっかり理解し，その子なりのサインをしっかりキャッチしていきたいものである。気持ちを表出する（自己主張する），受け止めてもらう（理解してもらう），という経験を大人との関係の中で積み重ね，徐々に他者の気持ちに気付くようになり，やがて他者との生活の中で自分の気持ちをコントロールできるようになっていくのだろう。その過程にしっかり付き合い，見守ってあげることが大切である。この年代の子どもは，まず，様々な方法で自己を出す，という経験をする時期だととらえたい。

3．自分のモノ・友達のモノ

　子どもたちは集団生活をしていく上で，"自分のマークや名前"に常に触れることになる。ほかの人の物と区別するための印であり，自分だけの目印となるモノであるが，マークに対する興味・関心の個人差はあるものの，興味を示すと，自分のモノ以外の友達のモノも認識し，それを手がか

りに友達と関わることも生じる。

> **事例5-3** 自分のモノ
>
> タカノは1歳児クラスの夏頃になると（1歳7か月頃），自分のマークのみならず友達のマークも覚え，「○○ちゃんは△（マーク）だよ！」とマークを指さしてお迎え時に母親に教えてくれるようになる。そして，日中，園庭に出る時は，帽子の入れ物（かごが仕切られていて，帽子が各自のマークの所にしまってある）から友達の帽子を出して友達に手渡すことを好み，"ちびっこ先生"のようにしていた様子。"渡す"という行為が楽しかったのか，"渡す"ということを通して友達と関わることが楽しかったのか，先生を真似ることが楽しかったのか定かではないが，早い時期から友達のマークをすべて覚えていた。そしてしばらくの間，配り歩くことが続いていたようだが，年度末に近づいた頃，担任から「最近，タカノちゃんがいつものようにやってあげようとするといやがる子が出てきちゃって……。お友達も強く言うようになったからちょっとシュンとしてしまうことが今日もあったの……」と，迎えにいった母親は教えられる。

この場合，タカノは"マークの絵"というものに興味を示し，それを配って歩くことで他児との関わりがもてたと言える。子どもにとって，"マーク"はおそらくただのマークではなく，毎日の園生活で何度となく触れる"特別な自分のマーク"であり，友達のマークはその友達自体を感じられるものにもなっていくのだろう。単にモノへの興味なら，「△（マーク）はスイカ」などという名称の表出の仕方になってくると思われる。しかし，タカノの場合，友達の名前とマークが一致し，それを渡したり教えたりすることで，モノが他者とのやり取りの手段になっている。

また，タカノだけではなく，他児も徐々に"自分のモノ"を意識し，自分の帽子が"特別な自分だけの帽子"という思いをもつようになることで，"自分のモノ"だから"自分でする"という意識が芽生えてきたと考えられる。"やってもらってうれしい（＝受身）"から，"自分のことは自分でしたい"という自立への姿の表れとも読み取れる。

このように，子どもたちにとってモノはただのモノではなく，様々な自分の思いを含むモノであると言える。子どもたちは生活の中で様々なこと

を見て,聞いて,触れて,それを覚えて知識として取り入れたり,他者とのやり取りの手段として獲得していく。モノを手がかりに,他者と関わり,その関わりの中で自分の気持ちや他者の気持ちに気付き,人との関わりを経験していく。モノとの関わりは"対モノ"のみではなく,人との関わりの手がかりになっていく。

4．友達がいて広がる楽しさ

3節で見てきたように,この頃の子どもは,自分のモノや友達のモノ,友達の名前などに興味をもち,"自分"と"友達"が共に生活している存在であることを意識する。そして友達のすることを興味をもって見つめ,"楽しそうだな"という思いをたくさんもっていく。友達のやっていることが楽しそうで自分もやってみたい,と真似をしたりして,より楽しさを感じることも多い。中には,意識して真似をするというより,いつの間にかつられて友達と同じ動きをしているのではないかと思える姿もある。そして,一人の子どもの楽しさから楽しさの輪が広がり,増幅し,一人ではなく友達といるからこそ味わえる経験も多くしていく。

>**事例5-4** 楽しそうだな…楽しい！
>
>　1歳児クラス11月。保育室で子どもたちが思い思いに遊んでいる。片隅では数人の子どもが保育者と身体を動かして遊んでいたが,だんだん人数が増えてきた。そこで保育者が場所を広くとって歩きはじめると,その後ろを子どもたちが連なって,楽しそうに声をあげながらついていく。ほかの子どもたちも楽しそうなその様子にひかれて集まりだし,どんどん連なって歩きはじめた。そのうち,ほとんどの子どもが部屋中をグルグルと円を描くように歩きながら,笑い声をあげていた。しばらくして,前後の子どもがぶつかり,転んでしまった。すると,一段と声をあげて笑い,またそれに誘われるかのように,後ろの子どもたちが5人ほど順番に自分から倒れ,笑っていた。

このように,楽しそうな友達の様子を真似ることから遊びが始まることも多い。その時,子どもと共に楽しさをつくり出す保育者の存在は大き

い。友達に関心をもち，一緒に楽しむ姿も多く見られるが，遊びたいという気持ちを直接向ける相手はまだ保育者が中心である。1歳児クラスでは，身近な友達に関心をもったり関わろうとすることを願って保育を進めることが多い。そのためには，保育者が子どもと楽しさをつくり出したり，子どもが十分に楽しさを感じられるように，遊び，関わることが大切である。その楽しさを受けて，ほかの子どもも関心をもってその遊びに加わり，子ども同士の関わりが広がっていくことになる。

　同じようなリズムの共有やテンポの繰り返しなどによって，子ども同士の一体感が高まることがある。また，友達の様子が目に入りやすい人数や環境構成，遊びの位置などの工夫もしたい。このような保育者の配慮によって，子どもは身近な友達への関心をより深め，友達への思いを表現することにつながっていく。

　そして，何より，子どもが身近な友達に目を向け，関心をもち，関わっていくためには，安定感をもって周囲を見渡せる心の余裕が必要である。不安だったり，落ち着かない中では，身近な友達の楽しさに向かっていくエネルギーをもつことは難しい。安心できる特定の大人の存在や，関わり，落ち着ける環境がまず基盤となる。この時期の子どもの様々な育ちにとって重要なこととして押さえておきたい。

 まとめの課題

○「予習の課題」で取りあげたあなた自身の写真を元に，第5章の本文に書かれていた内容の解説にチャレンジしてみよう。

第6章 2歳児の人との関わりと保育

📖 予習課題

・自分が2歳の頃,「～がしたい!」と言い張ったりして,保護者や保育者を困らせてしまったことはないか聞いてみよう。

1. 2歳児とは

　2歳頃になると,それまで大人にやってもらっていたことや,身の回りのことなどを「自分で～したい」と大人の手を振り払ったり,「自分で～できる」と自分を主張したりする姿を目にすることが多くなる。そうかと思うと,今までできていたことを「やって」と訴え,甘える姿も多い。

　また,やりたいこと,できることも増えるが,まだできないこともあり,結果的に"やろうとしたけれど,できなかった"ということも多くなる。言葉でのやり取りも増大し,驚くような会話をするかと思えば,伝わらなくて悔しい思いをすることもある。

　このように,"自分で"という気持ちや自分の力を感じて新しい変化に向かっていく姿と,そのために生じる不安との間で揺れ動いているのが2歳児である。そんな複雑な時期を育つ子どもの姿を,人との関わりを中心に,具体的に見てみよう。

2．人と関わる力の育ちと保育：大人との関わりを中心に

(1)"自分でできる！"：自己の育ちと大人との関係

　特定の大人への信頼感を十分に感じ，その大人を安全基地として人やモノとの関わりの世界を広げてきた子どもは，徐々に"自分"の力を"自分で"試したり認識したりするようになる。これまでは「〜したい」という自分の気持ちは感じていても，その欲求の多くを大人の手を借りてかなえることが中心であった。特に，信頼関係を深めてきた大人には，自分の思いを理解し，かなえてくれる存在として，一心同体であったと言えよう。このような大人との関わりを十分に経験することを通して，自分の思いがわかり，また自我が育っていくことで，大人の手を借りずに"自分で"やってみたいという意欲が高まる。

> **事例6-1　自分でやりたい**
>
> 　筆者がホノちゃんと外に遊びにいこうとした時のこと。これまでは筆者が靴を履かせていたが，この日はホノちゃんが「自分ではく！」といって履きはじめる。履けるようになったのかと見ていると，まだ難しいらしい。筆者が見かねて手伝おうとすると「いや！」と怒ったように言う。筆者は，ホノちゃんの自己主張が育ってきたのだといううれしい気持ちと，今までは"やってあげていた"のに，という寂しさを感じながら見つめていた。

　自分でやってみることで自信を高めていくと同時に，これまでの言わば一心同体とも言える大人との関係が，直接的には依存しない関係へと少しずつ変化していくこととなる。子どもの側だけでなく，大人の側もその関わり方の変化を実感することだろう。また，"自分"が育ってくるということは，"自分ではない他者"を意識することでもある。特に密接な関係を築いてきた特定の大人が，自分とは違う存在であることに気付いていく。

大人との関係の変化の中で，それまで自分が受け入れられていた関係を再確認したいという気持ちもあるようで，甘える姿も見られる。「いや！」と言ったり，「自分でやる！」と言って大人の手を振り払っても，変わらずに自分を受け入れてくれるだろうかという不安もあるのだろう。この時，変わらない大人との関係を再確認することで，信頼関係はより強まり，安心して自分の力を発揮していくことができると考えられる。

（2）大人に見守られながら気持ちを立て直す

自分で何かをしようとし，試そうとするということは，"こんなふうになるだろう"とか"こうすればできるはず"という少し先の見通しをもてるということである。しかし，事例6-1のように，自分のイメージ通りにならないことも多くある。できると思っていたのにできなかった時には，気持ちが沈んだり，不安を感じたりする。

また，大人や子どもとの関わりの中で思い通りにならないこともある。様々な人がいることを知り，人との関わりが豊かになっていく経験でもあるが，同時に自分の思いをどうしたらいいかわからず，不安定な気持ちにもなる。時には泣いたり，怒ったりして，大人にその気持ちをぶつけることもある。そんな時，大人にしっかりと抱きとめてもらったり，見守られたりすることで，少しずつ自分の気持ちを落ち着かせ，立ち直っていく。

事例6-2 気持ちを立て直す

コウタがピースの大きなパズルをやっている。全体ではなく，大好きなアンパンマンの部分だけを，何度も組み立てては「できたー」と保育者に見せ，また壊しては組み立てている。しかし，何回目かに1つのピースがうまくはまらず，泣きだしてしまった。保育者が原因となったピースを手渡そうとするが，いよいよ大泣きする。コウタは保育者に抱きつき，保育者がコウタを膝に乗せて「うまくいかなかったね」と言いながら，しばらく頭などをなでたりしていた。落ち着いてきたところでピースを渡すと，またパズルに向かいはじめた。

このように，大人と共に気持ちを落ち着けたり安らいだりすることで，大人との信頼関係を深めていくとともに，自分の気持ちの動きも感じてい

るようである。また，事例6-2から，大人の側からなぐさめるばかりでなく，子どもも安らぎを求めて自ら大人に向かっていることがわかる。このような体験を少しずつ自分の中にためていくことで，自分なりに気持ちを落ち着けることもできるようになっていく。

保育者の関わりとしては，以下のことに留意したい。

1）「自分でできることは自分で」を強調しすぎない

自分でできることが増えてくると，大人も「この子はできるのだから，自分で」という思いや，「もっとできるようになってほしい」という期待をもつことも多い。集団保育の中では，まだできない子どもに関わることも多く，自分でできる子は自分でやるということが強くなりやすい。だが，（1）で見たように，大人との関係を確認し深めていくために"できるけれどやってほしい"という時もある。"やってあげる"ことばかりが応えることではないが，思いを受け止められるようにしたい。

2）失敗できる余裕をもつこと

事例6-2のように，この頃は大人から見るとできないだろうと思えるようなことも自分でやってみようとし，結果的に失敗して悲しくなってしまったり，時間がかかってしまうことも多い。大人には予想できることでもあるが，先回りしてやってしまったり，止めてしまったりせず，子どもの意欲や挑戦を尊重し，ゆったりと見守る余裕をもちたい。

3．人と関わる力の育ちと保育：子ども同士の関わりを中心に

（1）友達と関わることの楽しさ

2歳ころになると，子ども同士の直接的な関わりがぐっと多くなる。保育者が前に出て手遊びをしたりする時なども，時折近くにいる子ども同士で顔を見合わせて笑ったり，同じことを共有することを意識して楽しんでいる姿もよく見られる。これまで大人と分かち合うことが多かった楽しさ

やうれしさを，子ども同士でも感じ合い，確かめ合ったりする姿である。

> **事例6-3　それぞれの楽しさと合わせる楽しさ**
>
> 　ミナが，おもちゃの髪飾りをたくさんつけて，部屋の隅にある牛乳パックでできた台に乗り，流行りのアニメの歌を歌い始める。身振り手振りを大きくしながら，アニメの主人公になりきっている様子である。それに気付いた仲よしのケイが隣に立ち，一緒に踊りながら，声を合わせて歌う。そこへ，仲よしのサキが走ってやってくる。それを見たケイは，少しずれて，サキが入れるようにミナと間の場所を空けたが，サキはケイを中央に押し戻して一番端に立つ。
> 　3人は並んで前を向き歌い始めるが，サキが歌っていた歌と違うメロディを歌い始めると，ミナとケイはちょっと不思議な表情で顔を見合わせ，サキを見る。少しの間3人で止まった後，誰からともなくまたアニメの歌を歌い始め，はじめよりゆっくりしたテンポで声を合わせながら，楽しそうに歌い続けた。

　気の合う友達がしていることを目にして，自分も加わり一緒に遊ぶ場面である。日頃近くにいることが多かったり，似たような遊びをしたりする経験を重ねることで，その子がしていることに魅力を感じたり，一緒にやりたいという気持ちになるのだろう。具体的に何をしようと確かめ合わなくても，理屈抜きに，一緒にいることそのものや同じことをしていること自体を楽しむことも多い。また，この事例では子ども同士の会話は一つもないが，ケイがサキの姿を見て場所を空けようとしたり，テンポがズレるとお互いに顔を見合って調整している。身体的な関わりを通して，友達との関係を成立させているのである。

　子ども同士の関わりが増えるといっても，クラス全体の関わりというよりも，日々の生活や遊びを基盤とした身近な友達への関心が中心である。近くにいる子どもや気の合う友達と関わる楽しさを味わいながら，様々な子ども同士の関わりを経験していることをていねいに読み取りたい。

(2) 気持ちのぶつかり合い

　自我がしっかりと育ち，自分のやりたいことがはっきりしてくることと，子ども同士の関わりが増えることから，それぞれの思いや主張のぶつ

かり合いや思いのすれ違いも多くなる。

しかし，このころの子どもは言葉でのやり取りは増えていても，自分の思いを言葉にしたり，相手と伝え合ったりすることはまだ難しい。そのため，大きなけんかになってしまったり，力ずくになってしまったりと，かかわりの調整には保育者の手が必要になることが多い。

このような経験は，自分の思いをよりはっきり意識することと，自分とは違う相手の存在を実感する大切な経験である。自分の思いを十分意識したり表現することは，自己の認識をより確かにすると同時に，自分を基盤として，相手も自分と同じように相手なりの思いをもった存在であることを知っていくこととなる。自分の思いを自分で意識し，また保育者からしっかりと認められるからこそ，相手の思いも認められるようになっていく。

事例6-4　自分の思いを伝える

> 室内で数名の子どもたちが，ブロックの車を走らせて遊んでいた。一緒に走らせるというよりは，近くの場所にいながら別々に遊んでいる様子であった。
> ナオキが別の車を走らせたくなったのか，持っていた車を置いて，別の車に変えた。すると，少しして，近くにいたタカシが置いてあったその車に目を止め，手に持って遊びはじめた。ナオキはそのことに気付くと，タカシに「あー！　それぼくの！」と大きな声で言い，取り返そうとする。タカシは「やめて」と，自分のものであることを訴え，取り合いになってしまった。
> そこへ，担任の保育者が来て，2人の話を聞いた後で，ナオキには「ナオ君はもうこの車使っていなかったから，タカシ君はだれも使っていない車だと思ったんだよ」と伝え，タカシには「ナオ君が前に使っていて，まだ使っているつもりだったんだって」と伝えた。その後，2人は落ち着いて，またそれぞれの車を走らせて遊びはじめた。

この事例では，保育者が2人の気持ちを聞き，互いに伝えることで，また遊びを再開することができた。保育者が言葉にすることによって，相手に伝えるだけでなく，本人も自分の気持ちを改めて聞くことにもなり，気持ちを整理し落ち着かせる助けにもなる。また同時に，保育者が自分のことをわかってくれているという安心感にもつながる。このように，保育者

が仲立ちすることによって，お互いの気持ちや自分の気持ちに気付いたり，友達との関わり方を知っていく。その中で，例えば物の取り合いなどでは，「今は必要だから譲れない」とか，「後でもいいから貸せる」といったような，判断もできるようになっていく。自分の気持ちも相手の気持ちも認め，相手との折り合いをつけながら関わっていくことにもつながる。

保育者の関かわりとして留意したいことは，以下のようなことである。

1）少人数での関わりであること

（1）で見てきたように，近くの子ども同士の関わりが主であり，保育者も担当制をとっていたり，担当制ではなくても少人数に関わることが多い。この時，少人数に関わる時の声のかけ方（高さや大きさも含めて）や，身振りなどを意識しておきたい。同じ室内にいる別の子ども同士の関わりに，知らないうちに妨げになってしまう場合があるからである。

2）子どもの気持ちを代弁するということ

（2）で述べたように，保育者は子どもの気持ちを代弁し相手に伝えたり，落ち着かせたりすることがある。それが本当にその子の気持ちの"代弁"になっているのか保育者自身の思いだけを伝えていないか振り返る必要がある。保育者の仲立ちは，子どもが自分の思いや相手の思いに気付く1つのモデルとなる。例えば，物の取り合いの時，取られても「いやだ」と思っていない場合，「いやなんだって」と取った子どもに伝えることは代弁にはならない。また，「いやだ」と思っていない子どもに，これはいやなことなのだと伝えることにもなり得る。"子どもの気持ちを代弁する"ことが，大切な保育者の役割としてよくあげられるが，"代弁"しているのか，それとも保育者の思いを伝えているのか，自覚しておきたい。

4．人と関わる力の育ちと保育：一人の世界を感じる姿を中心に

人と関わる力と言うと，文字通り"人と関わっている姿"が思い浮かぶかもしれないが，人と関わる主体は自分であることを考えると，自分をし

っかりと感じることは，人と関わる時の基本となる。自分の思いを自分のものとして表現したり，相手の思いを受け止めたり，お互いに尊重し合う関係を築いていくためにも，自分の世界を一人で楽しむ姿も大切にしたい。

5．2歳児の育ちと保育のねらい・内容

　保育所保育指針等には，1歳以上3歳未満児の保育に関わるねらい及び内容が示されている。「ねらい」は，「子どもが保育所において，安定した生活を送り，充実した活動ができるように，保育を通じて育みたい資質・能力を，子どもの生活する姿から捉えたもの」であり，また，「内容」は，「保育士等が援助して子どもが環境に関わって経験する事項」である（第2章保育の内容より抜粋，傍点は筆者による）。子どもが今，安定して生活し，充実して活動することが重要であり，決して3歳までにこの「ねらい」を身に付けたり，その「内容」を経験させなければならないのではない。2歳児には2歳児なりの育ちがある。2歳児の今だからこそ見せてくれる姿や経験によって動く心を大切にしたい。0歳時代・1歳時代・2歳時代……と，その時代を十分に生きてこそ，豊かに育っていけるのである。

まとめの課題

1．予習課題で聞いたことの内容をグループで出し合い，その意味について話し合ってみよう。
2．各事例について，自分が保育者だったらどのように関わるかを考えてみよう。そこから，自分が2歳児の子どものどのような育ちを大切にしたいのかを振り返ってみよう。

文献
・阿部和子：子どもの心の育ち（0歳から3歳），萌文書林，1999
・秋葉英則・白石恵理子：2歳児，かもがわ出版，2001

第7章 3歳児の人間関係の育ちを支える

予習課題

- 3歳児の子どもたちが安心できる環境とはどのようなものだと思いますか？ まとめてみよう。
- 事例を読んで3歳児の姿や保育者の援助について考えたことをまとめよう。

1．3歳児の生活

　3歳児は，食事や排泄などもかなり自立し，基礎的な運動能力を身に付け自分なりに動き回れるようになる。また，話し言葉の基礎ができ，日常的なやり取りで少しずつ自分の思いを伝えられるようにもなる。基本的には，好奇心旺盛で身の回りのものに興味や関心をもって行動しようとし，好きな遊びがみつかるとそれに没頭して一人で遊ぶ姿や，同じ場で並行遊びをする姿が見られる時期である。また，象徴機能の発達により，何かになりきって動くなどのごっこ遊びが楽しくなる時期でもある。

　また，集団での生活経験に差のある子どもたちが共に暮らし始めることになるのが，3歳児園生活のスタートである。初めて本格的に集団で暮らすことになる子どもたちがいる一方，3歳未満のときから園で過ごしてきた子どもたちもいる。入園間もない子どもにとっては，家庭での親子中心の生活から，初めて自分と同じような子どもがたくさん存在する世界に踏み出すことになる。進級してきた子どもも，保育者と子どもの比率が2歳児クラスとは異なることもあり，クラスにいる仲間の人数が増え，担任が

変わったり保育室が変わったりすることも多く，その環境の変化は大きいと言えるだろう。そうした変化の中で，子ども一人一人が，そこで安心感・安定感をもって暮らせるようになることが大切となる。

2．気持ちの安定・気持ちをひらく　〜保育者をよりどころに〜

　大きく環境の変わる3歳児にとっては，園において安心して生活できるという実感を子ども自身がもつようになることが何より大切であり，そのよりどころとなるのが保育者の存在である。保育者が寄り添い，子どもの気持ちを丸ごと温めるような関わりをすることにより，安定し少しずつ周囲の環境に向かって気持ちをひらき，その子らしく生活することができるようになる。保育者は，それぞれの子どもが少しでも興味や関心をもって動き出せるよう，またひと時でも楽しく遊べるよう願いを込め，保育室内の環境を準備しておく。保育者の姿が見えるところで安心感をもって遊ぶ子どもが多いからである。そして出迎え時には，少しでも子どもの気持ちが安定し園生活に向かうよう，そっとあと押ししていくように援助する。

事例7-1　（4月）「これ，はんたい？」

　登園時，子どもは上着を脱ぎカバンをかけ，室内用の靴を履く。保育者は，一人一人と挨拶し，子どもが自分でできるところは見守りながら「〇〇ちゃん，自分でできるようになったね」「今日のお洋服は緑色なんだね。先生と同じね」等と声をかける。話しかけられた子どもはうなずき笑顔になる。すると「僕の靴下も緑だよ」など，それをきっかけに他の子どもと担任の会話が始まったりする。その様子を最初に話しかけられた子も嬉しそうにニコニコして見ている。そうして，保育室内の環境に誘われるかのようにして遊びだす。
　ある日，ヤマトが靴を左右反対に履いているのを見て，担任が「ヤマトくん，そのお靴はんたいだったねえ」と優しく言いながら靴を脱ぐように促した。「はんたい？」「そう，こっちがこっち」と言いながら左右を合わせてヤマトの足の前に靴をおく。履き終わると「よし，これでいっぱい遊べるね。行っておいで」と笑顔でいうと，ヤマトは保育室で遊び始めた。ヤマトは翌日から

自分が靴を履くと，担任のところに行き「これ，はんたい？」と嬉しそうに聞く。担任は「ヤマトくん，はんたいだったみたい」とにこやかに言いながら一緒に履き直す。「よし，これで遊べるね」と言うと，保育室へ入って遊びだす。このことは毎朝しばらく続き，ヤマトにとって自分のやりたい遊びが見つかるようになる頃，このやり取りは終了した。

　何気ない場面であるが，春先の朝のスタートは大切な時間である。特に新しく入園したばかりの3歳児の場合は，自分から保育者にどのように働きかけていいのかわからず，戸惑って立ち尽くしているような様子が見られることも多い。保育者からの挨拶や声かけなどでこうした朝のやり取りが成立する。一人一人の身支度を手伝いながらひと時触れ合うことで，子どもの気持ちが安定し周囲の環境に関わって遊ぶことに向かっていく。

　ヤマトにとっては，靴を反対に履いたことで行われた保育者との関わりが心地よかったのだと思われる。また，靴が反対かどうかを問いかけることで，自分から担任への関わりを開始できることになったようであった。そして，この関わりを通して保育者との関係を確かめ，ヤマトは安心するかのようにして遊びだしていた。

　多くの子どもは，このように保育者をよりどころとしながら動き始め，環境に関わって自ら遊ぶ姿が見られるようになる。それでも，保育室が安心して動ける場になっていくのに時間を要する慎重な子どももいる。

事例7-2　（5月）やってみようかな

　アオイは，保育室に入ると壁を背にして製作コーナーの後ろに立ったまま過ごすことが続いている。朝は担任と笑顔を見せてやり取りするのだが，保育室に入るとそこに立って他の子どもが遊んでいる様子を見ている。
　ある日のこと，製作コーナーに担任が準備しておいた，直径10センチくらいの丸い色とりどりの画用紙の1枚を使って，ハナが細い紙を貼り付け「あのね，ふうせんなの」と保育者に見せに来た。担任が「ほんとだ！風船みたい」と真似をして1つ作ると，その場にいた他の子どもも真似て作り，でき上がると持ち歩いて遊び始めた。アオイがその姿を目で追っているのを感じた担任は誘ってみるが「アオイちゃんしない」とその場から動かなかった。ただ引き続き身を乗り出すようにして見ていたので，その後担任は直接的な誘いかけはせ

> ず，風船を楽しそうに作ったり持って歩き回ったりして，その日は終わった。
> 　週明け，登園したハナは真っ先に自分の風船を持ち歩き始めた。担任はこの日はクレパスで色をつける風船を作り始めると，その楽しそうな様子に他の子どもも製作コーナーに来て作り始めた。アオイもその様子をずっと見続けている。担任はアオイも入って来てくれることを願っていたが，多くの子どもが製作コーナーに入って来ていたので，さらにアオイが中に入ってくることは難しくなったとも感じていたという。
> 　多くの子どもが作り終わり，風船を持ってテラスで各々の思いで歩き始めた。製作コーナーの人数が少なくなり落ち着いた場となった頃，保育者が「アオイちゃんもする？」と声をかけると，アオイは嬉しそうに自分のクレパスを取りに行き入って来た。アオイが何色も使ってカラフルに描いていたので「きれいね」と保育者は声をかける。紙テープを貼ると喜んで揺らしながら他の子どもたちのいるテラスへと行き，一緒に走り回り始めた。翌日以降，アオイは朝のうちは立って見ていることもあったが少しずつ遊ぶようになっていった。

　3歳児にとって，まず見せたい，受け止めてほしいのは保育者である。保育者は，自ら思いついたことを形にして動き始めたハナの姿が嬉しく，逃さずに支えたという。アオイは，保育者との関係に支えられて保育室内で過ごすことができるようになっていたが，他の子どもたちに圧倒されるのか，動きだせずに周りを見ていることが多かったという。それでもいつになく引き込まれたように見ているアオイの姿に，担任は直接誘いかける言葉をかけてみたという。しかし，その誘いを断ったアオイの様子を見て，保育者はそこで心を動かして見ているアオイのありようを受容しようと思い直したという。"観ること（傍観的行動）"も他者への関心の芽生えの姿として受け止めていく視点を，保育者としてもっていたいものである。
　翌週も，動きだしたハナや，心が動きだしているアオイにとって風船の遊びがより充実したものとなることを願い，担任はクレパスで色を付ける風船作りをしてみたという。それが他の子どもにとっても魅力ある提案となっていたことが，多くの子どもが風船を作りに集まった様子からも感じられる。そして，製作コーナーが落ち着いた雰囲気となったタイミングを見計らった保育者の誘いかけでアオイは動き始め，作り終わると自らテラスへ行った。同じ場で，同じもの（自分で作った風船）を持ち，各々のイメ

ージをもちながらも"一緒"の気持ちになって動くことが楽しい，といった3歳児期によくみられる姿である。アオイにとっては，他の子どもの存在を感じながら動くことも楽しいという経験となったようであった。それが，翌日以降にも同じ場で遊んでいこうとするアオイの姿につながっていったように思われる。こうした積み重ねが，やがては身近な環境に主体的に関わり，様々な活動を楽しむ中で自信をもって行動するようになる「自立心」の育ちへとつながることになるだろう。

園生活初期の子どもの安心感や安定感が，どのようなことで得られやすいかには個人差がある。保育者には様々な場面を通して子どもの内面を感じ，その関わりのあり方を試行錯誤しながら見出していくことが求められる。

3．同じ場で遊ぶ楽しさ 〜仲間と出会う・触れ合う〜

園での生活が軌道に乗ると，子どもたちは登園すると自らしたいことを見つけて遊び始めるようになる。遊びへの興味や関心の持ち方が似ている子どもが同じ遊びの場に集うことになり，そこで子ども同士が触れ合っていくことになる。

事例7-3 （6月）「またハンバーグ屋さんしようね」

園庭の土山に気付き興味を示している子どもがいたので，担任は子どもの力でも掘りやすいように朝のうちに少し掘り返して子どもたちを迎えた。掘り返されている土山を見つけて子どもが遊び始める。土を枝で掘ることを楽しむ子ども，手で掘ることを楽しむ子ども，丸めて楽しむ子ども，とそれぞれなりに砂とは違う土の感触を楽しんでいる。担任は様子を見て，たらいやジョウロを出して水を使えるような環境にしていくと，子どもたちはすぐに興味を示して各々が土に水を混ぜて，固さや感触が変わっていくことを楽しんだり，丸めて楽しんだりするようになった。

そのうち，モエが「ハンバーグ！」と喜び，保育者に見せた。保育者が「ほんとう！美味しそう」と一緒に喜ぶと，モエは次々と作り，それを近くの平らなところに並べ「お店みたい」と嬉しそうに言った。周りにいたエリやミツグ

らも同じように丸めて隣に並べて行った。遊び終える頃には，握った泥の塊がたくさん並び，作っていたメンバーは満足そうな表情でその様子を見て「またハンバーグ屋さんしようね」「ねっ！」との声があがった。

同じ場で存在を感じながら，土の感触をそれぞれで楽しんで遊ぶ並行遊びのような状況から，「ハンバーグ屋さん」とのイメージが伝わり子ども同士の触れ合いが始まっている。自分以外の仲間のしていることにも関心をもち，触れ合っていくことが徐々に多くなる。同時に，一緒に遊びたいけれどどうやって関わったらいいかわからなかったり思いがすれ違ったりして，トラブルが出てくるようにもなる。

事例7-4　（9月）「しないで」「もう入れてあげない」

　最近ままごとコーナーでよく一緒に遊んでいるメグ，アンジュ，ケントのところに，カナミが「わたしも入れて」と入っていくと「いいよ」と返事があった。カナミは，メグとアンジュが身に付けていたエプロンと三角巾の最後の一組を手にして，担任のところに持っていき，手伝ってもらって身に付けるとすぐにままごとの場に戻った。そこでは，メグとアンジュが少しふざけあって鍋を引っ張り合っている姿があった。それを見るとカナミも「わたしも使いたい」と2人の中に割って入り，3人が顔を赤くして本気の取り合いになってしまった。3人とも手を引かないような状態に，ケントが「カナミちゃんはしないで！」と怒り，力づくで鍋をカナミの手から離させようとし，カナミとケントの間で押し合いのようになってカナミが泣きだした。保育者が2人の間にたち，お互いの気持ちが落ちつくように関わった。

　翌日は，カナミが先にままごとの場で遊び始めた。メグとアンジュが「入れて」とやってくると「いいよ，これ着てね」とエプロンを渡した。3人の中でピクニックに行こうということになり，製作コーナーからバッグに見立てた箱を持ってきて，その中にお弁当を詰め始めた。そこにケントがやってきて「入れて」と言うと，アンジュが「いいよ」と答えた。入れてもらったケントがテーブルにあった箱を手に取ると，カナミがすかさずケントに「やめて！　メグちゃんのだよ！」と言う。ケント「ぼくが見つけたんだ」カナミ「メグちゃんが持ってきたの！」とここでまた2人の取り合いになった。カナミが箱を取り返しメグに渡すと「ケントちゃんはもう入れてあげない！」と怒って言った。ケントは泣きながらその場を離れ，保育室の隅に行って突っ伏してシクシクと泣き続けた。ケントの切なさを感じた保育者は，カナミの気持ちに共感しながらも，ケントの気持ちも伝わるよう関わった。カナミもケントの泣く姿に

3．同じ場で遊ぶ楽しさ〜仲間と出会う・触れ合う〜

> びっくりした様子があり，自分から「ごめんね」と謝りに行っていた。
> 　その翌日にも同じようなことがあり，カナミとケントの間でのトラブルはしばらく続いていた。3週間くらいたったある日，保育者もままごとの場に入って遊ぶ中で，カナミが赤ちゃんのつもりになって動き始めた。アンジュらはお母さんやお姉さんになり，ケントはお父さんになって，赤ちゃんを世話したり出かけたりして楽しいひと時を過ごした。その翌日，ままごとの場に1人でいたカナミのところに，ケントが「入れて」と言い，カナミはすぐに「いいよ」と答えて2人で遊び始めた。ケントは「赤ちゃんのお兄さんなんだ」と張り切ってご馳走づくりを始め，赤ちゃんになったカナミもケントの声を受けて動いたり応えたりして楽しい雰囲気があった。保育者は遠くから見守っていた。

　カナミは自分のやりたいことがあると，相手の状況を気にせずにすぐに動いてしまうところがあったという。例えば1学期には，担任が包丁で切る真似をしていると，「私もする」と言うと同時にその包丁を取ってしまうというようなことがよくあった。保育者が一緒にいる時には，保育者のものを貸したり，少しずつ「順番」ということを伝えたり，誰かが使っている時には「貸して」ということを知らせてきたという。2学期に入ってからは一緒に遊びたい思いが芽生えているからこそ仲間入りを求めていくのだが，どのように関わったらいいか戸惑っているようにも感じられた。カナミがままごとに入り始めた日，いつも遊んでいるアンジュらにとっては鍋の取り合いが1つの遊びのようになっていることがよくわからずに，カナミは本当に鍋を自分が使いたいと入っていった。するとメグとアンジュはカナミに本当に鍋を取られたくなくて手が離せなくなってしまい，本気の取り合いになってしまった。それで，その楽しさを壊してしまったカナミに対し，ケントが「カナミちゃんはしないで」とトラブルになってしまっている。翌日，今度はケントが遊びの状況がよくわからずにトラブルとなり「もう入れてあげない」とカナミに言われてしまうことになる。遊びへの思い入れや友達への思いが育ってきている姿とも言えるだろう。
　こうした友達との様々な体験を重ねることで，して良いことや悪いことがわかり，自分の行動を振り返ったり，友達の気持ちに共感したりし，相手の立場に立って行動するようになる。また自分の気持ちを調整し，友達

と折り合いをつけながら，きまりをつくったり，守ったりするようにもなる「道徳性・規範意識の芽生え」の育ちにやがてはつながるような，3歳児なりの体験と言えるだろう。

　保育者には，子どもの気持ちを受容しつつ互いの気持ちが伝わり合うような関わり，次にどうしたらよいかを子どもと共に見出していくような援助，共に過ごすことの楽しさを感じられるような援助が求められるだろう。

4．一緒に遊ぶ楽しさと喜び
　　～友達と関わりながら遊び進める～

　3歳児期後半に入ってくると，友達同士で関わり合いながら遊び進めていく楽しさを感じ，一緒に遊びをつくっていく姿も見られるようになる。

事例7-5　（12月）お寿司屋さんだよ

　ある日，リクが長めの積み木を横にして，その上に広告紙を折りたたんだものを並べて「おすしですよ～」と呼びかけ始めた。するとメイサが同じように広告紙を畳んだものを持ってリクの隣に座り一緒に「おすしですよ～」と遊び始めた。メイサがきてくれたことでリクは嬉しそうにし，張り切って呼びかける。「エビもありますよー」とリクが言うと「うん，エビもあるんだよね」とメイサが言い，「サーモンもあるんだよね」「うん，おいしいね」など，2人で繰り返し言ったり食べる真似をして喜んでいる姿があった。周りに呼びかけてはいるが，人を呼んでいるというより，自分たちがそのつもりになって一緒に声を出して楽しんでいる様子であった。

　しばらくして，その楽しそうにしている2人の近くにハヤテが積み木を縦に置いて，上に紙を貼るとクレパスで何か書き始めた。「おすしだよ」というハヤテに，「そんなおすしないよ」「そんなとこでしないで」と2人が怒る。保育者も最初はよくわからなかったのだというが，ハヤテが「おすしだよ，書くの！」と強く言うのを聞いて，受付のことだと気付いたという。このままではハヤテがしていることが2人には伝わらないと判断した保育者は「もしかして，おすし屋さんの入り口にある，お名前，書くところ？」と声をかけると，ハヤテが嬉しそうにうなずく。そして「あべさとうさーん（自分と保育者の名字を合わせて一つにしたもの）」と呼びかけ始めた。「あべさとうさんだって」とメイサが笑い，「先生のことだよ」とリクも笑って言う。「あら，わたし？」

と保育者が聞き返すと「そうだよ」と3人が言う。保育者が勧められるままお客さんになると、他の子どもも入ってきた。

　リクとメイサの姿からは、友達同士で関わりを楽しみ、一緒に遊んでいく楽しさを感じている3歳児後半の育ちが感じられる。また、友達のしている遊びのイメージを感じ取り、それに触発されて「お寿司屋さん」での体験を自分なりに再現しながら参加していくハヤテの姿にも育ちが感じられる。けれどそれを言葉で思うように伝えられないのも3歳児にはよく見られる姿である。ここでは保育者の援助によって思いが伝えられ、共に遊ぶことの楽しさの広がりが子どもたちに体験される機会となったと言えるだろう。こうした体験が繰り返されていく中で、やがては友達と関わる中で、互いの思いや考えなどを共有し、共通の目的の実現に向けて、考えたり、工夫したり、協力したりし、充実感をもってやり遂げるようになる「協同性」の育ちへとつながることになっていくだろう。

　3歳児期後半に入ると、遊びの中で相手の反応が返ってくる面白さや自分の思いが伝わっていく嬉しさを感じながら、一緒に遊び進めていく楽しさを感じていくようになるし、またそれを十分に体験していくことが大切な時期となる。保育者は友達同士で遊んでいくための環境や時間的ゆとりの保障とともに、子ども同士の関わりの様子をていねいに見守り、時には仲間の一員となり関わり方のモデルとなって遊び進めたり、時には思いを伝え合う手助けをしたり等、友達と遊んで「ああ、面白かった」と子どもが味わっていけるような体験を支えていくような援助が求められる。

 まとめの課題

1. 予習課題でまとめてきた「3歳児の子どもにとって安心できる環境」について周囲の人と話し合い、他の人の意見を聞いて考えたことをまとめよう。
2. 3歳児の人間関係の育ちを支える保育者の役割について、各事例から考えたことをまとめよう。

第8章 4歳児の人間関係の育ちを支える

📖 予習課題

・『幼稚園教育要領』第2章領域「人間関係」のねらい及び内容，内容の取り扱いをよく読み，実習やDVD教材等で出会った4歳児の姿を照らし合わせてみよう。

1. 4歳児の揺れる心と行動

4歳児の4月，担任保育者には，ついこの間まで膝に抱き，手を添え，言葉をかけることの多かった同じ子どもたちが，急に一人前の"園児らしさ"を身にまとったように見える。だが実は，そうでもないようだ。

(1) 甘えたい，でも4歳の自分でありたい

事例8-1　友達の存在に支えられて過ごした一方で

> 3歳からの持ち上がりのY児。進級した4月，保育者があちらこちらを忙しく動き回っているため，チラリチラリとその姿を目で追いながらも，一生懸命自分で朝の身支度をする。その後，絵を描き始めるが，うまくいかないようで，ぐずりかける。そこへ，3歳のときも同じクラスだった男児Tが来てくれた。そのお陰で，Y児は気持ちを立て直し，並んで一緒に絵を描いて過ごした。降園時，クラスがざわざわしていたとき，Y児は保育者の後ろから近づき，急にバンバンバンと激しくお尻を叩いてきた。

事例8-1では，登園して自分で身支度をするY児であったが，持ち上

がりの担任である保育者には「本当は先生にくっついていたい」というY児の気持ちが伝わってきていた。保育者が新しい子どもたちに手を取られる一方で、T児という友達の存在に支えられて絵を描く場面もまた、友達関係を強く求めるようになる4歳児ならではの姿と言えるだろう。そして、降園時、周囲の子どもたちから気付かれにくい状況で、保育者のお尻を叩いてきた行動には、一日中4歳の自分を保って抑えていたY児の、保育者に対する甘えたかった気持ちが表れているようである。

ここには、身近な大人の手助けや心の支えを求めて甘えたい自分と、進級して大きくなった自分との間で揺れる心とともに生きている4歳児の一つの姿がある。

（2）自分なりの理想やイメージが実現できない困難にぶつかる

保育者との新しい関係を築きながら、しばらくすると子どもたちの中から「やって」「つくって」「ぼくもほしい」「ここもってて」「いっしょにきて」「みて、みて！」「せんせい、せんせい！」「ここがいたいの」といった要求が、次々と現れてくる。保育者は、保育室で何人分ものお面作りにせっせと励み、保育室と園庭を行き来しては鉄棒をしている子どもを応援するなど、その子にとっての"今"に立ち会えるようにと心を砕く。

事例8-2　こんなメガネじゃなかった

> 父親と映画を見に行った男児Nが、楽しかった思いを語り、主人公になりたくて一生懸命何やら作ろうとしていた。保育者は、N児のイメージが実現できるよう、いろいろな材料や道具を示して、N児の製作に付き合った。そして、何とかマントとマスクができた。さらにメガネを作りたいN児は、輪郭を描いてはさみで切り抜く難しい作業に挑戦する。その必死な様子が近くで剣を作っていた男児Kにも伝わり、K児は真剣に見守っていた。そして、何度も切り損じてようやくレンズ部分をくり抜いた形ができはしたものの、それは、N児の思い描いた形とは違っていた。N児は、「こんなものいらない！」と、せっかく苦労して切り出したメガネをK児に向かって投げつけてしまった。

事例8-2では、保育者は、N児の実現したい思いの何をどうやって支

えればよいのか，注意深く考えながら関わっていた。そして，うまくいかない思いをぶつけられてしまったK児の不条理な感情を受け止めて慰めることはしたが，ここまで懸命に取り組んでも，自身の力が及ばない現実があるということに向き合っているN児を叱ることはできなかった。保育者は，「明日また作ろう」「先生，何かいいもの考えて用意しておくからね」「Kくんがまた応援してくれるよ」と伝えたのだった。

（3）友達と関わりたいのにうまくいかない

　保育者との新たな関係を築きながら，4歳の子どもたちは，友達という存在を求めて，一緒に過ごす相手，一緒に楽しめる活動を見つけようと，様々に試行錯誤する。それが，危険な遊び方になってしまったり，自分たちで片付けられる範囲を超えてしまったりすることもある。そして，ぶつかり合いが起きる。

> **事例8-3　ぶつかり合っても仲間でいたい**
>
> 　お弁当前にクラスでゲームをしたとき，女児Rは，女児Eとの間で女児Aの取り合いになり，A児を間に両方から引っ張り合いになる。保育者が「3人でもいいんじゃない？」と声をかけるが，R児は，「イヤ」とかたくなに拒否する。「それなら，どうやって決める？」と保育者がなおも3人に投げかけると，じゃんけんで決めることになったのだが，今度はE児が「Rちゃんがズルして後出しした」と主張し，R児は顔を紅潮させて「Eなんか，もう絶対に一緒に遊ばない！」と大きな声で言う。言われたE児は，思わずR児の髪を引っ張る。
> 　次の日，3人は，お姫様の衣装のスカートを履き，そろって園庭へ出て行った。しかし，今度は，誰が先にブランコに乗るかでもめている。「昨日Eちゃんは，Rの髪の毛を引っ張ったんだから，がまんしないといけないんだよ！」と主張するR児に対して「違うよ。Rちゃんがズルするからだよ！」と応戦するE児の声が響いていた。

　4歳の女児同士，大勢の仲間と遊ぶよりも，2，3人の親密な人間関係を一生懸命保とうとしている姿が見られる。明日も一緒に遊べるかどうかが重要な関心事となり，遊ぶ約束や何の役になるかの確認を繰り返してい

た。事例8-3のように自分で主張する場合もあるが、そうでない場合には、「～ちゃんがダメって言った」「～ちゃんたちが入れてくれない」「～ちゃんが知らん顔をした」「～ちゃんが聞こえないふりをする」といった訴えとなり、保育者は、双方から話を聞くこととなる。「だって、使いたかったから」「だって、邪魔だったから」「だって、約束してなかったから」など、4歳児なりに因果関係や理由を考えて話す。そして、R児が発した「もう絶対に一緒に遊ばない」といった言葉が、相手の心に刺さり、その後も尾を引くこともある。それでも、一緒にいたい、遊びたい思いから、翌日はまた一緒に遊び始める。

　友達を求め、友達を必要としていながら、うまくいかないもどかしさや不安定な気持ちを抱える4歳の子どもの心をどうやって解きほぐし、仲立ちとなって支えるかが保育者に求められている。

（4）相手の行動の裏側にある気持ちに気付き始める

　この頃、友達との間で起きたことを家で事細かに訴えては、保護者を不安にすることが起こる。保育者は、自分が見ていない場面のことであったり、状況が判断し難い内容であったりするため、対応に悩む。

> **事例8-4**　相手の気持ちに思いを向けて考える
>
> 　他児の行動について、今日も保育者のところへ言いつけに来た女児S。「Sは何にもしてないのに～ちゃんがおなかをグーで叩いた。なんでするのって聞いても教えてくれないからすごく悲しかった」。しかし、そう訴えながらもS児は、「～ちゃんは、Sちゃんが好きなのかな…」と小さな声でつぶやいていた。

　保育者にもすべてを把握しきれない個々の子ども同士の多様な関係ややり取りがある。むしろ、直接関わることができるのはほんの一部にしかすぎないのかもしれない。S児は、前回「どうしてって聞いてみたら」と伝えた保育者の提案を実行してみたらしい。つぶやきや、相手の気持ちに思いを向け、考えようとしているS児の内面の動きが感じられる場面である。

2．多様で複雑な関わり合いから生まれる力

　周囲の人や物事に旺盛な興味・関心を示し，それぞれのペースで幼児期の発達過程を力強く歩みながらも，まだまだつたないやり方で世界と関わっている4歳児。人に対する振る舞い方，物を扱うやり方，言葉による伝え方，物事の因果関係や相手の心もちの理解や思いやり，他児との間にいる自分を見つめる目など，育ちつつありながらも，相手や状況に左右され，不安定で自信がもてず，大人に依存したい気持ちがある。そして，個としては揺れつつも，仲間との間で力を付けていく。それは，多様で混沌として複雑な日々の関わり合いから生まれる不思議な力である。

(1) 保育者がいなくても集団の遊びが継続する

事例8-5　遊びを通して感じられる子どもたちの成長

　2学期の終わり頃，新しいポケモンのハンカチを買ってもらったのが嬉しくて，男児Fが，「ハンカチおとししよう」と保育者を誘ってきた。他にも数人に声をかけて始めると，あっという間に20人近くになった。初めて参加する子どもにもわかるように，保育者が何回か率先して遊び方を確認したが，その後保育者が抜けても，子どもたちだけで遊びが続いていった。
　翌日，新たな子どもも加わり，再びハンカチおとしが始まった。そんな中，M児がルールを無視して強引に自分のペースで進めようとするので保育者が注意すると，M児はO児と一緒に抜けていこうとした。保育者がO児に気持ちを聞くと，「ぼくはやめない」とM児にきっぱりと伝えることができた。1学期から何かとM児のちょっかいに振り回され，叩かれては泣き，しつこくされては言いなりになり，なかなか自分の考えや気持ちを出せずにいたO児の見違えるような姿であった。結局，M児もやめずに留まり，ルールを守って一緒に遊び続けた。

　1学期，同じものを作ったり，身に付けたりすることから仲間意識を感じていた子どもたち。あるいは，たくさんの椅子や玩具などを集めて，おうちや乗り物を作り，空間や物を共有する遊びを繰り広げ，物や友達を取

り合い，ぶつかり合ってきた。保育者は，少しでも子ども同士がつながりを感じられる経験をと意識して，鬼ごっこやかくれんぼ，大縄跳び，はないちもんめやしっぽとりなどの遊びを，折に触れ取り入れてきた。子どもたちは，ここに至るまでに，遊びばかりでなく，片付けたり，食べたり，着替えたり，集まったりなど，日々積み重ねられる生活の流れや，誕生会や季節の活動，運動会や作品展などの園行事など，クラスで取り組む活動を様々に経験し，その中でぶつかり合いながらも，互いの存在を感じ，その関係を通じて，様々な力を身に付けてきたのである。事例8-5で，M児は，自分がやりたい遊びにO児と留まることを選び，自らルールに従う姿を見せてくれている。

（2）クラスの集団づくりにつながる活動が発展する

事例8-6　おゆうぎかいへ向けた話し合いと活動

　3学期の1月末頃，J児の「ほしぐみは何やるの？」という発言から，2月末のおゆうぎかいについて，クラスで話し合うこととなる。いろいろな意見が出たが，保育者は，その日はそこまでにした。以降，園バスや遊びの中で，このことが子どもたちの話題となり，「きょうは聞かないの？」と話し合いを求める声も聞かれるようになる。保育者は，この空気を生かし，役に分かれて動きを楽しむ，絵本のお話を演じる，ストーリーのある歌を歌う，フルーツバスケットをアレンジしながら繰り返すなど，クラスみんなでする活動や遊びを保育の計画の中に積極的に取り入れるようにした。中には自分はやらずに見ている子どももいたが，保育者は自分から入ってくるのを辛抱強く待った。そして，2月半ばの話し合いで，女児Pから，「みんなが好きな『もりのなか』の絵本をやれば？」との発言があり，動物たちが順番に出てきてそれぞれの踊りや動きを披露し，最後にみんなで歌を歌うという流れへと話し合いが盛り上っていった。

　おゆうぎかいについては，昨年の経験から個々それなりのイメージはもっているが，共通しているとは言い難い。また，少しずつ大勢の中にいる自分を意識し捉える心が生まれてきて，我先に人前に出たがる反面，いざ人前に出ると沈黙…という場面も多かった。言葉で表現する力，自分の考

えを相手にわかるように話す力が育ってきている一方で，人に見られている自分，人からどう思われるかということも意識し始めているのである。おゆうぎかいという行事に向かって，クラス全体で取り組む時間は，子どもたちの姿に基づいて立てられた緻密な計画に沿って進められていった。しかし，保育者の計画どおりに順序よく進めることよりも，子どもが自分たちで考え，自分で決めることが大事である。それを辛抱強く支え，待っていたときに，P児の発言は出てきたのである。

3．4歳児クラスの保育者の役割

ここまで見てきた事例から，4歳児クラスを担当する保育者の役割について改めて考えてみたい。

(1) 心の支え手としての保育者

保育者にとって，繊細で敏感な子どもの心を支える役割はこの時期に限ったことではないが，クラスの人数が増え，自分なりに話し行動するようになる4歳の一人一人をていねいに捉え，その心の動きに応じていくことは大切である。一方で，子どもたちは，保育者の言動を実によく見ている。「おはし使うのが上手ね」と言われたある男児は，それが励みで自宅では豆腐まで箸でつかもうと頑張っていたという。「まりつき100回できるようになるわよ」と言われた女児は，来る日も来る日もまりつきに熱中し，とうとう1,110回という大記録を達成する。配慮が必要な子どもについて心を砕き，理解しがたい行為に一生懸命関わっていく保育者の姿を感じて，いつの間にか誰かがその子を連れてきてくれたり，その子とそっと手をつないでくれていたりすることがある。自立心や思いやり，優しさも含めて人と関わる力は，子どもの思いを感じ取り，子ども自身がどうしたいのか，どうなりたいのか，その願いに真摯に向き合い，それを支えようとする保育者の姿勢が基盤となって育っていくと言えるだろう。

（2）立ちはだかる壁としての保育者

　安定した自分の世界を希求する気持ちと，不安定さはあっても仲間と協同して楽しみたい気持ちの両方を抱きつつ過ごす4歳のこの時期，保育者は，子どもたちの様々な「～したい」に立ちはだかる壁となることが必要な場合もある。「～ちゃんはダメ」「全部使いたい」「どうしても今やりたい」などに対して，相手の気持ちに気付いてほしい，仲間への気遣いをもってほしい，クラスの中の自分を意識してほしい，安全かどうか考えてほしいなど，保育者の思いや願いをどう示していくか。また，その先の子どもたちの様子をどのように見守っていくかが問われている。

（3）委ねて信じて待つ保育者

　4歳児の子どもたちが示す心や行動は，実は，決して揺れて葛藤する姿一辺倒ではない。友達への関心や優しい気遣い，受け入れる心も同時に育っているのであり，「～したかったんだね」「～ちゃんには貸してくれた」「だいじょうぶ？」「ここに来ていいよ」など，それらをふとしたときに感じさせられる場面がある。

　事例8-6のように，それぞれが自分のことを聞いてほしくて，好きなことを述べて，収集がつかなくなりそうな話し合いの場でも，もう一瞬を踏みとどまって待っていると，子どもたちの方から新たな展開が開けてくることがある。また，クラスの活動を距離を置いて見ている子どもに，自分から参加してきてほしいと願って待つ時間は長く感じるが，子どもの中では変化の時を着実に歩んでいる。子どもたちの育つ力を信じて，子どもたち同士での関係が変わるときを待つこともまた，保育者の大事な役割となる。

まとめの課題

1. 4歳児の遊びや会話を実践やDVD教材などを観察して記録し，友達関係の特徴について考えてみよう。
2. 特に，子ども同士のぶつかり合いの場面で，それぞれの子どもがどのように自己表現しているか，保育者がどのように関わっているか，それらについてどう思うか，話し合ってみよう。
3. 本章の事例の子どもの姿が「幼児期の終わりまでに育ってほしい姿」にどのようにつながっていくかについて考え，まとめてみよう。

参考文献

- 文部科学省：幼稚園教育要領，フレーベル館，2017
- 加藤繁美監修，齊籐政子編著：子どもとつくる　4歳児保育　揺れる心をドラマにかえて，ひとなる書房，2016
- 和光鶴川幼稚園：子ども理解と大人の関わり　葛藤をチカラに　4歳児，ひとなる書房，2017
- 汐見稔幸責任編集：悩ましくておもしろい4歳児の保育，エデュカーレ no.86，臨床育児保育研究会，2018
- 神田英雄：「小さなおとな」の心のうち「四歳児の甘えつつ自立する」を保障するために，現代と保育 73号，ひとなる書房，2009
- 津守眞：子どもの世界をどうみるか　行為とその意味，NHKブックス，1987

第9章 5歳児の人間関係の育ちを支える

📖 予習課題

- 5歳児が友達との関わりで戸惑う場面を想定し、幼児の気持ちを考えてみよう。
- 小学校への接続を考え、人間関係においてどのような育ちが期待されているか調べてみよう。

～5歳児になる～

5歳児になると、園の中では「大きい組さん」「お兄さん、お姉さん」と呼ばれる。園によっては、入園式での役割が決まっていたり、年少クラスでの手伝いが割り当てられていたりすることもあるかもしれない。そのような生活から、大きくなった自分を意識したり、時には背伸びして人や物事と関わろうとしたりする姿が見られる。

幼児によっては、年少組に出向き身支度を手伝ったり、泣いている子どもの手を取り優しく声をかけたりする。中には年少児にもできるはずのことをやってしまう、優しくするつもりが執拗になってしまう場合もある。また、「大きい組だから行かねば」という意識で出向く幼児もいる。何かしてあげたい、何かしなくては、という自分側の気持ちと、状況や相手の気持ちを感じとる力の間には、5歳児当初はまだまだ大きな隔たりがある。

小さい組に何かしてあげたいと思う優しさや、大きい組だからがんばろうという意欲を保育者は大切にしながら、相手の気持ちを考え、相手にわかるように伝えたりやってあげたりできるようにと願い関わる。さらに、5歳児の一年間で体験する遊びや生活を通し、自分と友達の違いを意識したり、相手の立場で考えてみる、自分を調整する力を育んでいきたい。

第9章　5歳児の人間関係の育ちを支える

　興味・関心や表現方法など一人一人違うことを念頭に置き，5歳児の人間関係の育ちを，遊び，生活，葛藤の3つのキーワードで考えてみよう。

1．遊びを通して，幼児の育ちや関わりの変化を捉える

　幼児の生活の中心は遊びである。友達と同じ遊びに取り組んでいても，発達や性格などの違いから，一人一人取り組み方や関わり方は違う。5歳児というと，共通の目的をもち，互いに思いや考えを出し合いながら遊びを進める姿を望む。しかしその過程では，一人一人の今の姿を捉え，願いをもって関わることが大切である。事例9-1では，一人の幼児の10月と2月の姿を取り上げ，遊びの中での人間関係の育ちを考える。

事例9-1　ミホの育ちと友達との関わり

　（10月）5歳児が秋まつりをすることになり，ミホと2人の女児は相談して，輪投げ屋をすることにした。どんどん準備を進める3人だったが，時々ミホだけになっていることや，店のやり方については他の2人が話を進めてしまうことがあった。ミホは少し不満そうな表情をするものの何も言わなかったので，保育者は「3人で決めたのかな」と声をかけてみるが，2人は「じゃあミホちゃんの好きなようにやっていいよ」というような言い方をし，状況はすぐには変わらなかった。ミホに対し保育者は，感じていることをもっと表現してほしいと願っていた。それと同時に，ミホのそれまでの育ちを考えると，友達と一緒に遊びを創り出し，楽しんでいること自体が成長だとも感じていた。そこで2人と一緒にやりたいというミホの気持ちを支え，3人での遊びが深まるように関わることにした。秋まつり当日は，途中役割を交代し補い合いながら最後までお店をやり続けていた。

　（2月）ミホたち3人が，ゲーム盤作りに取り組んでいた。ゲーム盤とは，木の板に釘を打ってコースを作り，ビー玉を転がすものである。ミホが他の友達に混じって作り始め，後から他の2人も加わった。たいてい一緒に遊んでいる3人だったが，先に興味を示したのはミホ。家で釘を打ったことがあるということで，パッと取りついたのだろう。他の2人の手元は危なっかしく，軽く打てばすぐに取れ，力を入れれば曲がってしまいを繰り返していた。ミホはその2人を見て，「もっとまっすぐに持って」と言ったり，くぎ抜きの使い方を

教えたりしていた。

3人ともがコツを覚え，力を入れなくても釘を打てるようになると，余裕が出てきたのか手元はしっかりと見ながらも，おしゃべりが弾み出した。「自動に発射できるようにしたいよね」「えー無理だよ」「でも，坂道にすればいいんじゃない」などの会話も聞かれ，一緒に考えたり，板を組み合わせたり，工夫を重ねていった。

2人が決めた遊びについていくようなことが多かったミホが，2月には2人から離れ自分の得意なことを生かした遊びに加わったこと，後から入ってきた2人に対して，自信をもって教えたり手助けしたりしていたこと，3人が自然と場を共有し，会話を楽しみながら自分のやりたいことに向かっている姿も頼もしく思ってこの取り組みを見ていた。

5歳児の2月は卒園を前にして，自己を発揮しながら友達との遊びを進めるようになる。自分の得手不得手だけではなく，友達のこともわかって関わり合っていることも多い。そのような友達関係を築く過程では，主張の強い友達についていったり，反発してうまくいかなかったりすることを繰り返す。保育者は，お互いに考え合うように投げかけたり，言葉を補い合ったりするだろう。保育者が一人一人の変化を捉えながら，理解して関わることが，幼児が自分のことも友達のこともわかるような育ちにつながるのではないだろうか。

また，遊びの中で友達と共にやり遂げた体験をたくさん味わうことはその幼児の自信につながり，人と創り出す面白さを十分味わうことになっていく。身近な仲間関係の育ちが，ひいてはいろいろな人との関係も育むことにつながるのではないかと考える。

2．生活を通して，幼児の育ちや関わりの変化を捉える

5歳児は，園の生活の担い手となったり，下の学年のために楽しいこと

を企画して実践したりすることがある。最初は自分の思いだけで進めようとすることがあるが，役割を最後まで担い，人に喜ばれ満足感を得た体験は，みんなでやることの楽しさを味わうことになるだろう。楽しい体験から，次はもっとこうしたい，自分はどうしたらよいだろう，と考えることにつながる。意見が合わなかったり，相手に伝わらなかったりしてもどかしさを感じることがあるかもしれない。それでも友達や年少児と関わる中で，相手の気持ちを慮り，役割を意識し，自分の気持ちを調整して行動し，協力して活動を進める充実感を味わうようになっていくと考える。

筆者は，園文化の中で年長組が担い手として関わるような取り組みを生活と捉え，園の行事の中での幼児の姿を取り上げる。

事例9-2は，勤務園で十年以上続いている「じゃがいもやさん」での一コマである。「じゃがいもやさん」とは，ジャガイモ掘り遠足で収穫し，蒸かしたジャガイモを，遊戯室で年少児たちにふるまう取り組みである。年長児全員が，各々必要と思う役割を見つけ，担うことになっている。

事例9-2　（6月中旬）相手の立場からやり方を考え合う

「じゃがいもやさん」当日，朝から「チケット切りをやる」と張り切って登園してきたケンは，一穴パンチを手に取った。それをポケットに入れると，会場である遊戯室に机やイスなどを運び込む準備に取りかかった。会場が整い，ジャガイモも蒸かしあがり，準備完了。ケンは，数人の友達と一緒に遊戯室の入り口手前に待機した。

チケットを持って年少児たちが遊戯室にくる。ケンたちはチケットにパンチで穴をあけ，遊戯室内に送り込むが，なかなか穴あけができない子どもから，「〇くんだけやってずるい」という声があがる。保育者はとっさに（やり方を決めた方がよいか）と思ったが，年少児たちの早く会場に入りたいという思い

を感じ，手を休めることのない子どもたちに声をかけられずにいた。年中組の番になる前に「さっき，ずるいって言う声が聞こえたけど」と投げかけたが，もう大丈夫と言う。その後年中児たちが来る時には，左右に分かれ交代交代にチケットに穴をあける姿が見られた。

前年は年中児としてふるまってもらう立場だったが，今度はふるまう側となり，前日までの準備を張り切って進める幼児が多かった。ケンは，準備段階ではあまり積極的に関わらなかったが，当日は朝から自分の役割を意識していた。自分たちの思い描いたようにはできず，思わず「ずるい」という言葉が出た。しかし，年少児たちの様子を見て，今はずるいと言っている場合ではない，早くするためにはどうしたらよいのかと考えたのであろう。「自分が」の気持ちから，相手の気持ちを考えたり，みんなでやっていることに気付いたりする取り組みになったと思われる。

チケット切り以外にも，案内する，サーブする，お代わりを聞いて回るなど，様々な役割を選び，みんながんばっていた。年少児たちの嬉しそうな表情や，他の保育者からのねぎらいや感謝が伝わり，自分もみんなもがんばり，全員でやり遂げた嬉しい取り組みとなっていった。

保育者は幼児一人一人が自分の決めた役割をやり遂げることで，協力する楽しさや充実を味わい，さらに試行錯誤や工夫を重ねていくことができるような場を生活の中に取り入れていくことを意識していきたい。

事例9-3は，2月に恒例で行われている豆まきの風景である。鬼役は5歳児が担うことになっていて，興味・関心のある幼児が数日前から鬼を作り，演じる。この年は大きな段ボールで作った鬼や，衣装を身に付けた鬼など，いろいろなタイプの鬼ができあがった。

事例9-3　（2月節分の日）状況を共有し，動き出す

　豆まき当日はあいにくの雨で，園舎内で豆まきをすることになった。年少児たちの不安と，5歳児の戸惑いで，落ち着かない雰囲気が漂っていた。とりあえず鬼役の幼児たちは，仲間の鬼同士で隠れる場所を決め，鬼の支度をして開始を待っていた。中には和太鼓や鈴を鳴らそうと，保育室の中に和太鼓や鈴を持ち込み，いつ廊下に出て行こうかと身構えている幼児たちもいた。それぞれの場所にいるためにいつ始めてよいかわからず，出てきてしまう鬼たちもいた。保育者はいろいろな場所に行っては「いつ始めるの？　どうやるの？」と声をかけるようにした。

　なかなか始まらない状況を感じた楽器担当のソラが，鬼の隠れている場所に行き，準備はいいかと確認し，楽器の合図で始まることを伝えて回った。途中

> で年少の保育室を覗き込み，子どもたちと隠れて待っているそのクラスの保育者に「そろそろ始めていいかな？」と目配せをしている姿もあった。
> 　ソラが戻り，準備が整ったことを確認して，和太鼓が園舎内に響き渡った。それぞれの場所から鬼が登場して，楽器の鳴る中で豆まきが始まった。

　ソラは4歳で入園。初めてのことには慎重な面があり，一人で絵本読みをしたり，自分の思い通りに遊んでくれる友達と一緒に過ごしたりすることが多かった。

　5歳児秋，お祭りで「ボウリング屋」をするグループに入った時には，ソラの主張の強さを知っている他の幼児から「ソラくんは言っても聞かないし」と言われたり，ドッジボールでは，自分のルールに人を合わせようとして，折り合いがつかないといなくなってしまうこともあった。3学期始め，カルタ取り遊びでソラが面白い遊び方を思い付くと，ソラの周りに幼児が集まるようになった。友達に認められる存在になってきたソラの行動だからこそ，豆まきでもみんなが気持ちを一つにし，互いにタイミングを感じ合い，始めることにつながったのだと考えた。

　以上の2事例は，自分で役割を決め，互いを感じ合いながら生活を進める事例だったが，みんなでやり方を話し合い，先に自分のやることを決める活動もある。5歳児後半になれば，相手とやり取りを重ね，相手の意見を聞いて自分の考えを変えていくような調整力もついてきている時期である。話し合いで決めたり，創り出したりする中で育まれる人間関係も意味深いものがあるだろう。保育者が一人一人の向き合い方，取り組み方をしっかりと受け止め，必要なことを投げかけていく。状況によっては，保育者の関わり方を柔軟に変えていくことで，幼児の個性が発揮され，仲間同士やグループ，学年の関わりを深めることにつながっていく。

3．葛藤を乗り越える体験を通して，幼児の育ちや関わりの変化を捉える

　5歳児になると，人に合わせる，苦手な友達とは関わらないという選択

3．葛藤を乗り越える体験を通して，幼児の育ちや関わりの変化を捉える　　*97*

をすることも出てくる。また，直接手を出したり，大声で言い合ったりすることは減ってくる。それでも折り合いがつかなかったり，自分の気持ちが相手に伝わらなかったりする葛藤を感じることはある。

　この項では，人との間で起こる葛藤を乗り越え，自分の気持ちを調整しながら人と一緒に創り出す中で，自己を発揮していく事例を取り上げる。

> **事例9-4**　（10月中旬）動きと気持ちが一致していく
>
> 　サラが「おばけを作りたい」と保育者に言ってきた。理由を聞くと「追いかけてくる男児たちを驚かしたいから」と言う。「わかった。どんなおばけにしたいの？」と聞くと，画用紙に唐傘おばけを描いてきた。そこで大きな紙で唐傘おばけを作って紐をつけ，天井のフックにかけて，上下できるようにした。
> 　すぐに他の子どもたちの興味を引き，次々に作りたい声があがった。いろいろなおばけが天井からぶら下がり，あたかも保育室がおばけ屋敷のようになった。
> 　おばけを操作する以外に，電気を点けたり消したりする，客を呼びに行く，待っている客の相手をする等，いろいろな役割を取る子どもが出てきた。子どもが増えてくるとサラは，戸惑うような顔つきになったり，他の子どもがサラの唐傘おばけを操作しようとすると「それはサラのものだから，返して」と言ったりして，その場からいなくなることもあった。
> 　その都度サラの気持ちに寄り添ったり促したりしつつ，サラが始めた遊びがより楽しく継続するように関わった。
> 　サラは他の子どもたちと一緒に「次の人，来るよ！」「そこじゃあ，見えちゃうよ」と伝え合ったり，「今だ！」とタイミングを合わせたり，どんどん息が合っていった。「男児たちを驚かしたい」という最初の思いよりも，創り出す充実感や満足感が勝ったようだった。

　サラは人との関わりが不器用で，友達への近づき方が唐突過ぎて相手は逃げ，追いかければ追いかけられることがよくあった。そのことが「驚かせたい」ということにつながっていると思ったが，深く理由は聞かずにおばけを一緒に作ることにした。サラが始めたことにいろいろな幼児が集まってきて，関わることの心地よさを味わうような経験をしてほしいという願いからだった。

　おばけ屋敷での取り組み以降少しずつではあるが，サラは様々な遊びに

加わるようになり、自分が不利な立場になってもその場に居続けたり、相手に「どういうこと？」と直接聞いたりするようになった。

一人一人の感性や表現方法は違う。どのような葛藤をもっているか、人間関係の構築が必要かを考え、周りの幼児を巻き込み人と関わる楽しさ、大変さを、たくさん味わえるようにしたいと思い、関わっている。

～まとめ～

この章では、4人の幼児を取り上げ、一人一人の育ちと人間関係との関連性について考えてきた。それぞれの感じ方や表現の仕方は異なっているが、共通する保育者の願いは、遊びや生活を通して、まずは自己充実感、肯定感をもって過ごしてほしいということであった。それぞれが自信をもつことで、意見が合わなかったり、相手に伝わらなかったりするもどかしさを乗り越え、相手の気持ちを慮り、自分の気持ちを調整して行動し、協力し合うことにつながっていった。

保育者は、幼児同士がお互いの違いに気付きながらも一緒に考え合い、共感し合い、認め合えるような関係を構築していきたい。それは、小学校以降において社会生活を営む上でも大事な、自分を調整したり相手を思いやったり、自分も相手も大事に思ったりしながら、いろいろな人と一緒に生きていくための力を育むことにつながるといえよう。

まとめの課題

1. 事例であげた子どもの個の育ちと人間関係における育ちについて考え、自分が保育者だったらどのように関わるかを考えてみよう。
2. 予習課題で想定した幼児の戸惑いについて、当事者、周りの幼児の気持ちや保育者の援助を考え、まとめてみよう。
3. 話し合いの場面を想定し、留意点を考え、書き出してみよう。

第10章 特別な支援を必要とする子どもの人間関係を支える

予習課題

・幼稚園教育要領や保育所保育指針で特別な支援を必要とする子どもの保育について記されていることを調べてみよう。

1. この章の目的

特別な支援を必要とする子どもの保育については、個別の支援だけでなく、その子どもと保育者、クラスの子どもたちとの関係を視野に入れる必要がある。第10章では、下記の3点について、事例を通して考えていく。

（1）保育者が特別な支援を必要とする子どもをどのように受け止めて、クラスの一員として位置付けていくか

（2）特別な支援を必要とする子どもとクラスの子どもたちが、どのように関わりながら育っていくのか

（3）保育者同士の連携

事例10-1　ワタル君の場合

　ある園の年長児クラスにワタル君が転入してきた。集団生活を経験してきたと言うが、箸がうまく使えずに食べこぼしが多かったり、行動面でできないことが目立った。保育者は環境に慣れていないことや、経験不足もあるのではないかと思って様子を見ていた。そのうちにクラスの子どもたちはワタル君をからかったり、馬鹿にしたりしはじめたが、ワタル君は言い返すことをしなかった。そのためにワタル君のほほをつねったり、たたいたりと行動はエスカレー

トしていった。保育者はクラスで話し合いをしたり，何人かの子どもにワタル君を守るように頼んだり，ワタル君にはいやなことをされたら「やめて」と言うように伝えたが，見えない場所で，そのような行動は続いていた。
　その後，子どもたちに，人を馬鹿にしたり意地悪なことをしてはいけないことを話したり，園全体でそういう場面を見た場合に厳しく対応する方針をとった結果，クラスの子どもたちがワタル君に関わらなくなり，ワタル君自身から周りの子どもたちに関わろうとはしないために，ワタル君とクラスの子どもたちとの間に距離ができてしまった。

あなたがこのクラスの担任だったら，あなたはワタル君に，クラスの子どもたちにどのように関わるだろう？　それはどうしてだろう？

2．レイ君の事例を通して考える

　ここでは筆者が4歳児クラスの冬から卒園まで関わらせてもらったレイ君の事例を通して，保育の場で特別な支援を必要とする子どもとクラスの子どもたちの人間関係を育んでいくことについて考えてみよう。
　レイ君については，多動，欲求をコントロールできない，髪を引っ張る・顔をつかむ・大声で叫ぶなどの激しい行動，言葉が聞き取りにくい，指先が不器用で身体のバランスが悪いことなどが気になる事柄としてあげられていた。担当保育者がつき，クラス担任と2人で保育を行っていた。

（1）4歳児クラスの冬

事例10-2（1）　　トラブルの中で

　レイ君はあちらに行ったと思ったら，あっという間に違う所に動いている。友達の遊びを壊して怒られると逆に顔につかみかかる。相手が泣いてもひるむことがない。目を離した瞬間に隣の子どもにつかみかかるので，担当保育者はレイ君から片時も目が離せない。しかし，メンバーによってはそれほどケンカにならずに遊べることもある。ままごとに入って遊んでいる時に物の取り合いになると，相手の女児が憮然とした表情をしつつ譲ってレイ君に渡す場面も見られる。担当保育者は女児に「いいの？　使いたいんでしょ」と声をかける。

<担当保育者の話>

「レイと並びたくない」「レイと手をつなぎたくない」などクラスの中でレイ君の評価が低いのがつらい。でも，友達といてレイ君がうれしい表情を見せることが増えているし，クラスの子どもたちもこういう子もいるんだという受け入れがかなりできてきた。子どもたちがレイ君なら仕方がないと思って譲ってしまうことがよいのかどうかは悩むが，今は一つ一つのトラブルにレイ君がどう向き合っていけるかの繰り返しである。

（2）5歳児クラスの春

> **事例10-2（2）** 保育者が入って友達と遊べる
>
> 衝動的な動きが減り，周りを見て動いたり，待つことができはじめる。友達の使っている物を取り上げたり，引っ張ったりするために，いやがられることも多いが，単純な追いかけっこのような遊びなら，担当保育者が入って友達と一緒に楽しめるようになる。

<担当保育者の話>

男児たちと一緒にプラレールで遊んでいたが，レイ君がそこから離れた間に後から登園したユウキ君が加わり，レイ君の電車はそこから外されていた。戻ってきたレイ君がそれを見て，いきなりユウキ君の髪の毛を引っ張る。ユウキ君は理由がわからないためにやり返し，レイ君の怒りが収まらずに大変だった。男児たちは，ちょっと悪かったかなという表情をしていたが，レイ君の物ならいいやという感じはある。レイ君には苦手なことがいろいろあると理解するのと，レイ君を排除していいと思うことは別のことである。しかし，クラスの子どもたちもしつこくていやだろうと思うことが多々ある。ケンカになった時には，お互いの気持ちを伝え合い関係をつなぐ努力をしているが，すぐに忘れてまた同じことを繰り返している。

ハルキ君とは3歳の頃からケンカが多かった。ハルキ君がレイ君をいやがっているのでできればレイ君と離してほしいと母親が言ってきていたの

で，昼寝の布団など可能な限り2人を離すようにしてきたが，この1，2か月は鬼ごっこや電車など，一緒に遊ぶことが増えてきたのでうれしい。

（3）5歳児クラスの夏

> **事例10-2（3）　どうしたらいいの？**
>
> 言われたことがわかるようになったり，待てるようになるなどの成長が見られる反面，特定の子どもにしつこくしたり，乱暴してしまうことが続く。しかし家庭からの連絡帳に，今までだったら友達をたたいたことなどを笑って話していたが，このごろはレイ君自身，どうしたらよいかのかわからなくて困っているようだと書かれる。押したりたたいたりしてしまうのだが，後から反省したり，周りからどう思われているのかがわかりはじめてくる。

＜担当保育者の話＞

レイ君はハルキ君が好きで，ギューギューと抱きつき，チューチューと口をつけていくのでハルキ君はそれがいやで泣く。以下は困り果てた担当保育者とハルキ君とのやり取りである。

　保「ハルキちゃんごめんね。レイ君はハルキちゃんのことすごく好きで
　　　遊びたいみたいなんだけど，ギューとかチューはいやだよね？」
　ハ「イヤだよ，先生」
　保「ハルキちゃんさー，どうやったらいい？　ハルキ君と遊びたいって
　　　言葉で言えばいい？　こうやって手握るのはどう？」
　ハ「うーん」
　保「ハルキちゃんどうしたらいい？　レイ君はハルキ君のことが好きで
　　　一緒に遊びたいんだけど，どうしたらいいの？」
　ハ「だってー，僕だって考えてるんだよ，先生」

＜クラス担任の話＞

担当保育者が休みの日，クラス全体での活動が盛り上がっている最中に女児同士のいざこざがあり，泣いてしまった女の子の目をレイ君がいきなりゲンコツで押した。どうにもならず，レイ君を廊下に出してクラスの子

どもたちに話をした。クラス担任自身もレイ君に対して,「どうしてそういうことをするの？」と怒りが湧く。しかし衝動に駆られて手が出てしまい,そのことで葛藤している姿を考えると,レイ君を怒るだけではなく,一緒に育っていくクラスの一員として私たちがレイ君を認めないといけない。だから,レイ君はみんなを好きだということ,レイ君はすぐに怒ってしまったり,乱暴してしまうが,それは仕方がないということ,どうしたらいいのか考えてほしいということ,みんながもう少し優しく言うと怒らないと思うなどの内容を,子どもたちにわかるかどうかはわからなかったが感情的に伝えざるをえなかった。怒るべき時は怒るが,レイ君の代弁もできたらと思う。女の子は少々引っ張られたり強引なことをされても,レイ君にすごく譲る気持ちがあって受け入れようとしているのを感じる。

（4）5歳児クラスの秋

事例10-2（4）　「貸してあげる」

　保育者に自然に甘えたり,一緒に笑う姿が見られるようになる。クラス担任や担当保育者以外の大人にも関わりが広がっている。クラスの子どもたちはレイ君にちょっかいを出されても,怒らずに身体をちょっと反らしたりして受け流す。ヒロシ君が絵本を読んでいる所にレイ君が寄りかかっていっても,ヒロシ君はそのままにしておいてくれて,レイ君はうれしそうに聞いている。
　レイ君と担当保育者がボードゲームをやっていると,ハルキ君とナミちゃんが入ってくる。担当保育者と2人の時は,じゃんけんをしてもごまかしたり,わざと順番を守らなかったりするレイ君だが,友達が入ると順番を待ったり我慢する姿が見られる。
　グループ机で,自分たちが作ったコースターを袋詰めする作業をする。レイ君の横にいたツヨシ君がかごの中のコースターを手にした時に,サキちゃんが「それは私がかいたんだから私が入れる！」と言ってツヨシ君からコースターを取り上げる。ツヨシ君は憮然として怒り,取り合いになる。サキちゃんは「私がかいたのに」と泣き,ツヨシ君も泣いてしまう。レイ君は自分の作業をやりながら,2人を気にしてチラチラと見ている。結局サキちゃんがそのコースターを袋詰めすることになり,憮然としているツヨシ君を見てレイ君が「レイのかちて（貸して）あげる」と言って,持っていたコースターを差し出す。

<担当保育者の話>

　友達と穏やかに過ごせる場面が増えたが，子どもたちの遊びのルールが高度になり，じっくり遊ぶことが増えた分，一緒に遊べない時間も多い。「だるまさんがころんだ」でレイ君はじっとしていることができないが，名前を呼ばれなかった。しかしハルキ君だけは「レイ動いてる！」「レイ！」と叫んでいたことに筆者が触れると担当保育者は，あんなにいやがるのに，いつもレイ君の遊びに入ってくるのはハルキ君であると話し，ハルキ君とレイ君はお互いに大切な存在なのではないかと2人の関係の捉え方が変化していった。後日，ドッジボールをした時にやはりレイ君はねらわれなかった。もしハルキ君がいたら（この日は欠席），絶対にレイ君を一番にねらっただろう。赤組が負けた後で，レイ君が「赤負けた，白勝った」と担当保育者に報告に来て「ハルキ君がいないから負けたの？」と聞いた。レイ君にとってもハルキ君は大切な相手なようだと担当保育者は話した。

（5）5歳児クラスの冬

事例10-2（5）　「レイちゃんあそぼ」

> 　鬼ごっこなど身体を動かす遊びでは担当保育者から離れて子どもたちの中で遊んでいる。「レイちゃんあそぼ」と誘われて遊んでいる時は安心して見ていられるようになる。レイ君がどこにいるのかわからないほど友達の中に溶け込んでいる。相手になってもらえない時には手が出たり邪魔をするが，でも周りの子どもたちは「やめろよ」と言うくらいで終わっている。仲間として自然に遊ぶ姿が見られるようになる。

<担当保育者・クラス担任の話>

　一緒に生活を積み重ねてきた中で，自分たちもレイ君のことがわかるようになってきたし，レイ君も成長してきた。この間にはクラス担任自身も子どもたちと同様に，レイ君の存在を感情的には受け止めきれない葛藤もあった。それも含めて，子どもたちに保育者の気持ちが伝わっている。様々な違いを受け止めて，仲間として自然に遊んでいる。子どもたちも色々大変だったと思うけど，気持ちはすごく育った気がする。

3．この章の目的に立ちもどって

レイ君の事例を，最初にあげた3点に沿って考えてみよう。

(1) 保育者がどのように受け止め，クラスの一員として位置付けていくか

　レイ君の担当保育者は，はじめのうちはほかの子どもたちにけがをさせないように一瞬たりとも気が抜けないという緊張感を漂わせてレイ君の横についていた。しかし，レイ君の友達と関わりたいという強い気持ちを何とか実現させてあげたいと願い，また周りの子どもたちがレイ君だから仕方がないという気持ちですべて譲ったり特別扱いをすることがよい関係とは思えないという葛藤も抱えつつ，レイ君がクラスの子どもたちと関わりをもつ方法を模索し続けた。レイ君と担当保育者の関係は一対一のようでありながら，保育の場では開かれた二者関係である。開かれた二者関係が，時間をかけて（2）の子どもたち同士の人間関係を育んでいく。

　クラス担任も，レイ君がクラスの一員として活動できるようになることを願っていた。しかし，レイ君がいることによってクラスとしての活動がうまく進められなかったり，トラブル続きの日々の中で，「レイ君がいなければ…」と思ってしまうこともあった。しかし，レイ君のクラスの一員でありたいという気持ちを受け止め，自分自身の葛藤もすべて子どもたちと共有しながら，クラスを運営してきた。

　2人の保育者の関わりは，決して模範的でもスマートでもない。しかし，レイ君という一人の子どもと出会ったことによって引き起こされる様々な感情の中に保育者自身がたたずみ，自分たちのあり方を振り返りながらレイ君への深い理解に進んでいったのだと思う。

(2) 子どもたちが，どのように関わりながら育っていくのか

　クラスの子どもたちは，レイ君とストレートに関わっていた。楽しけれ

ば一緒に遊び、いやなことをすればケンカになる。ケンカが多いのは保育者にとっては困ることであったが、子どもたちはいやだと言いつつも日々関わり続けてきた。たくさんのケンカを経ながらクラスの子どもたちは、保育者がレイ君にどのように関わっているのかをモデルとして、それを自分たちに取り入れていったのだと思う。様々な苦手なことを抱えたレイ君をそういうレイ君として、そしてクラスの仲間として、時間をかけて、自分たちでも考えながらレイ君を受け入れていった。そういう友達に支えられて少しずつ待ったり、相手の話を聞こうとする態度や、相手を思いやる気持が、レイ君の中に育くまれていったと言えるだろう。

(3) 保育者同士の連携

担当保育者とクラス担任は、起きた出来事について毎日話し合いをしていた。同じトラブルについて話しても、担当保育者はレイ君の立場から、クラス担任はレイ君以外の子どもの立場から話すことが多く、それを付き合わせることを大切にした。集団の中ではそれぞれの子どもの事情があるため、その時々ではあちらを立てればこちらが立たずということも生じ得る。それでもどちらが正しいかということではなく、複数の目で見ることにより子どもたちの今の姿を多角的な視点から捉えて、それぞれの子どもにとって先生は自分の味方であると実感できるよう日々を積み重ねてきた。

保育は自分一人で行う営みではない。子どもたちや保護者、そして同僚の保育者と共に営むものである。そのプロセスは、一人一人の保育者が子どもたちと自分自身を肯定的に理解していくプロセスでもあるのだと思う。

 まとめの課題

○はじめにあげたワタル君の事例10-1について、レイ君の事例を踏まえて、あなたが担任だったらどうするか、それはなぜなのかを考えてみよう。

第11章 子どもの育ちを支える保護者と保育者の人間関係

予習課題

・保護者との関わりで気がかりなこと，不安なことをあげてみよう。
・あなたが困った時や悩んだ時に相談出来る人はいますか。
　その人のどういうところが話しやすいのか考えてみよう。

1. はじめに

　入園を機に，子どもと保護者，保育者の新しい出会いがある。それぞれ新しい生活に期待をもつと同時に，保育者は「保護者はどういう人たちだろう」と思いめぐらし，保護者は「先生はどのような感じだろう」「保護者同士の関係は難しくないだろうか」など不安な気持ちも抱えている。そのような保護者の気持ちを支えることも，保育者の大事な役割である。大切なのは保護者と保育者の信頼関係であるが，それはすぐにできるものではなく，生活の中での小さな関わりを積み重ね，時間をかけて築いていくものである。「落とした園章を先生が娘と一緒に探して見つけてくれたこと，忘れられません」「運動会のお遊戯で我が子が泣きだした時に先生はすぐ隣で踊ってくれた」などの保護者の声からも，日々の保育のほんの一コマが心に残り，信頼関係につながっていることがうかがえる。

　保育者になった時に，保護者とどう関わったらよいのか心配で不安になるのは当然である。この章では，日常よく見られる場面を通し，保護者と向き合う姿勢や大事にしたいことを考えてみよう。

2．気持ちを受け止め寄り添う

　保護者は一生懸命に子育てをしているが，それぞれ育ってきた環境も違えば考え方や価値観も違うこともあり，同じ様な場面でも受取り方がそれぞれ異なってくる。保育者は保護者の気持ちを受け止め，それぞれに応じて関わることがとても大事である。入園当初の事例で見てみよう。

事例11-1　泣く子への対応

　ミカとユウキ（3歳児）は入園直後から母親にしがみついたり大泣きしたりしてなかなか離れようとしなかった。保育者は母親に泣いても大丈夫であることを伝え，一緒に保育室に残ってもらった。ミカの母親は「こうなることは予想していました」と保育室にいることをすんなり受け入れたので，「あせらず待ちましょう」と伝えた。ユウキの母親は「なぜこうなるのだろう」という思いが表情に表れていた。「ユウキくんは不安な気持ちをちゃんと表していますね」「きっと離れられるようになりますよ」と伝えた。

　ミカは母親が自分の視界に入っていると遊ぶようになったので，母親に幼稚園の外からフェンス越しに見ていてもらうことにした。ミカには「お母さんは外でずっと見ているから大丈夫」と伝え，母親にも「必ずミカちゃんから見える所にいてくださいね」と頼んだ。そのような日が数日続き，「おかあさんは外で待っていると思っているので，少し離れた見えない所で待っていることにしましょう」と徐々に離れた所で待ってもらうことにした。ミカは母親と離れても必ず迎えに来てくれることを実感し，朝も離れられるようになった。

　ユウキは母親が近くにいないと不安になるが，電車遊びや積木などをするようになり，母親の表情も柔らかくなった。ある日，登園してしばらくすると，母親が「私はもう帰ってみようと思うのですが…」と言ってきた。保育者は"まだ早いかもしれない"と思ったが，「そうしてみましょう」と，ぐずるユウキを抱いて受取った。ユウキは泣きながらも保育者にからだを委ねてきた。その後母親は「家では～ですが」「こうしてみたい」と気持ちを伝えてくるようになり，保育者からも「そうなんですね」「～してみましょうか」と応じるようにした。母親はユウキがぐずっても不安気ではなくなり，それに伴いユウキも安心した様子が見られるようになった。

　子どもたちは自分の気持ちをそれぞれに表わす。その様子に応じる保護

者の反応もそれぞれである。

<保育者の話から>

　ミカの母親は泣いたりぐずったりすることを予想し，そのうちに乗り越えるだろうと思っているようだったので，様子をみながら関わり方をアドバイスしても大丈夫と思った。ユウキの場合は母親も同じような気持ちになり，不安が本人にも伝わっているようなので，これで大丈夫，無理しないでよいこと，そしてお母さんがいてくれるとユウキが安心できることを伝え，気持ちが楽になるようにと思い関わった。2人の様子を見守りながら「これでいいんですよ」というメッセージを送ったりした。「帰ってみようと思う」の申し出には，母親の不安だけではない前向きな気持ちや母親なりの判断があることを感じたので，「そうしてみましょう」と応え，あとのことは引き受けようと思った。ユウキも頼ってきたので少しずつ切り替えようとしていることを感じた。その後は母親の気持ちに余裕を感じたので，「こうしてみましょう」と対応の仕方を伝えるようにした。

　保育者は，ミカの母親が自分なりの解釈をし，見通しをもっていることを尊重し，一緒に見守りつつ乗り越えるきっかけをアドバイスする姿勢で関わっている。ユウキの母親に対しては，まず母親の不安をやわらげられるように関わっている。母親が自分なりに「～してみたい」と言ってきたことに変化を感じ，その思いを受け止め，関わり方を変えている。

　このように，保護者の心もちは様々であり，保育者がそれぞれの思いや考えを受け止め，援助することが大事である。保護者は，自分はこれでよいのだと認めることができ，保育者が一緒に子どものことを考えてくれていると感じ，安心できるようになる。信頼関係へつながるであろう。

3．支え，共に向き合う

　園生活に慣れてきて，いろいろな遊びに興味をもち，友だちと関わりをもつようになると，楽しいことも増えるがトラブルも起きるようになる。

そうなると，保護者は「何がいけないのだろう」「自分の責任なのだろうか」と悩みがちである。そのような時の保育者の関わりを考えてみよう。

事例11-2　かみつき

> ケント（3歳児）は入園当初から活発で，いろいろな遊びを楽しんでいた。
> 2学期になると，思うようにならない時に手を出したりかみついたりすることが目立つようになった。ある日，ケントは友達が使っている積木を見て自分もほしくなり，取ろうとした。すると相手に拒まれ，手をかんでしまった。降園時に双方の保護者に残ってもらい，その日の出来事を報告説明し，お互いにもう仲直りしていること，このようなことにならないよう今後も気を付けて保育にあたることを話した。ケントの母親はショックが大きいようなので，話をする機会をもった。母親はとても心配であり，他の保護者の目も気になると話していた。保育者は，ケントが周囲に目が向き関わりも増えているが，うまく言葉で伝えられない時に手が出たりかんだりしてしまうこと，表現の仕方，伝え方が変わると乗り越えるであろうということを話した。園ではかむと痛いこと，「かむのはやめよう」と伝えると同時に「どうしたかったのか」と気持ちを聞き，「こうしてみようか」と代弁したり関わり方を示したりしていることを母親にも話し，家庭と園と一緒に気持ちの表し方を育てていこうと伝えた。変化があった時には「今日は貸してって言っていましたよ」「こんなふうにしていました」と報告するようにした。かむことは直ぐには収まらなかったが，その都度母親と一緒に相手に謝り，話をする機会をもつことを続けた。

このような場合は，かまれた子どもとかんでしまった子ども双方への配慮が必要であるが，ここではかんでしまったケントを中心に考えてみる。

＜保育者の話から＞

母親がとても心を痛めているので，一人で抱え込まないようにと思い，一緒に考えましょうという姿勢を大事にした。表現の仕方，気持ちのコントロールに課題があること，これから園と家庭と両方でいろいろな関わり方や，相手の様子に気付くことを伝えていこうと話し，少しでも今後に向けて考えられるようにと願った。ケントの長所である明るさや好奇心をつぶさないでほしいので，日頃の楽しんでいる様子も交えて話した。

保育者は園と家庭と一緒にこの事に向き合う姿勢で臨んでいる。同時

に，必要な課題を伝えている。保護者は相手にすまないという気持ちになり，どうしてこんなことをしてしまうのだろう，我が子が「かむ子」とレッテルを貼られるかもしれないと心配したりなど悶々(もんもん)とする。最近は周囲に相談する人も少なく，保護者が自分だけで抱え込んだり孤立してしまう傾向もある。保育者が，心の痛みを共有して共に悩んでくれる存在であることはとても心強く，示唆してもらうことも支えとなる。また，保護者と保育者が起きたことに真摯に向き合っていることは，相手の保護者にも伝わり，保護者同士の関係にもプラスになるであろう。

4．共感する

保育者が「お話があります」と声をかけると，"何があったのだろう"とドキッとするという声をよく聞く。保育者と保護者の話は相談ごとになりがちだが，子どもの姿を伝え合い，成長を楽しむ関係も大事である。

事例11-3　電車ごっこ

電車好きの男児数名（4歳児）がダンボール箱で自分の電車を作り，園内を走らせて楽しんでいた。その中のナオトがタイヤを作りたいと言うので，保育者は一緒に材料を探し，チーズの丸い空き箱で作った。

ある日，ナオトの母親が「先生，買い物に行った時にナオトがどうしても丸いチーズを買ってほしいと言ったんです」と嬉しそうに言ってきた。「先生がタイヤを作ってくれたけどまだ足りない。ちゃんと食べるから買って」とせがんだとのこと。普段言わない子が珍しくせがんだので，一生懸命さが伝わりうれしかったとのことだった。その後，保育者は母親に園での電車ごっこの取り組みの様子を伝え，母親からは家での様子や電車ごっこについてナオトが語ったことなどの報告があり，一緒に電車ごっこを陰ながら支えた。男児たちの電車ごっこは，作り方や遊び方を変え長く続いた。

＜保育者の話から＞

ナオトの思いを聞き，園生活と家庭がつながっていることを感じうれしく思った。母親もナオトの気持ちを受け，電車ごっこを応援しようとしているので，園でのエピソードを伝えたりフォローしてほしいことを頼んだ

りした。母親は気付いたことや心配なことも話してくれるようになり，会話を重ねているうちにお互いに電車への関心や知識が広がり，子どもたちの成長や遊びの面白さを共有するようになった。ただ，ナオトにあまり根掘り葉掘り聞いたりせず，むしろ聞き上手になってほしいということは伝えた。電車ごっこの仲間の他の保護者たちも遊びに使う材料を持ってくるなど協力的になり，保護者同士の交流にもつながった。

保護者にとっては，園での子どもの姿はなかなか見えにくい。子どもの話を聞いて想像をめぐらし，喜んだり悩んだりしがちである。

この事例では，子どもの声に耳を傾けた母親と，家庭での様子を聞いた保育者が，共に電車ごっこをサポートし楽しさも味わっている。保育者にとっては，母親から聞いたことはナオトへの配慮の参考になり，母親にとっても園での様子がイメージしやすくなるであろう。また，保護者とのやり取りは保育で大事にすることや考え方などを伝える機会になり，保育への理解も深まるであろう。先手を打ちすぎたり先走った援助になったりしないように心がけ，子どもが夢中になっている姿を共に楽しみ喜び合えることは子どもたちの遊びの充実，楽しさにもつながることになる。

5．保護者の言葉をきちんと受け止める

子どもの成長とともに友達関係が広がり，見通しをもって取り組み試行錯誤を重ねるなど遊びも充実してくる。それに伴って葛藤や課題も起きてくる。しかし，保護者によっては我が子中心の見方しかできない場合がある。そのような保護者との関わりについて考えてみよう。

事例11-4　葛藤と成長

タカシ（5歳児）は数名の仲間と大型積木で基地を作っていた。しばらくすると，タカシは他の男児に囲まれ「タカシくんはいつもそうやって思い通りにする」「あとから入って来て勝手なことする」と抗議されるが，「こうする方が面白い」と大声で怒り積木を蹴ったりしていた。タカシをめぐってのこのよう

な場面は度々あった。
　降園時，タカシはまだ不満げな表情だったので，保育者はその日の出来事を母親に伝えた。すると母親はタカシが「この頃我慢ばかりしている」と言っているとのこと。保育者は，確かに我慢しているが，友達関係が広がり意見を主張し合うようになっていること，お互いに思うようにならないことや折り合うことを経験していることを話した。しかし，母親は「そんなにいつも我慢しているのですか」と自分の子が我慢させられているという思いが強いようだった。
　その後も機会を捉え，タカシが友達と一緒に遊びたいこと，知識も豊富でアイデアを提供してくれること，また子どもたちは互いに意見を主張し合い，タカシは我慢もしているが他の子どもたちも我慢していることも伝えた。母親はなかなか我が子中心の見方から抜けられず，思いが通らず我慢して仲間はずれにされ，保育者からも認められていないと感じているようだった。
　母親がかたくなにならないように「この頃どうですか」「どんなふうに話していますか」など声をかけ，話を聞いたり遊びの様子を伝えたりした。徐々に母親は友達の様子にも目が向くようになり，タカシの我慢は必要な我慢であって，かわいそうなだけではないことに気付いたようだった。それに伴って他の保護者との関わりも増え，我が子の様子を聞いたりする姿も見られるようになった。

　保護者は子どもが楽しそうにしていれば楽しくなり，悲しんでいれば同じような気持ちになる。我が子が認められず，否定されていると思うと，物事の見方，受け止め方も偏ってしまう。保護者と保育者の関係がぎくしゃくしていると，よかれと思ったことがなかなか伝わらないことになる。

＜保育者の話から＞

　はじめは実態をわかってもらおうと母親との話をすすめた。母親はタカシの話からかわいそうに思っているようだった。認識のずれを感じ，このままでは母親は被害者意識を強くもち，関係もこじれるかもしれないと思った。タカシの長所も含めてタカシの話の背景にも気付いてほしいと思ったが，我が子だけが注意されていると感じるようで，なかなか受け止めてもらえなかった。改めて「話をしましょう」となると構えてしまうと思い，短い時間でもコミュニケーションをとり，母親の話や気持ちに耳を傾けしっかり聴くことを大事にした。「タカシくんは今壁にぶち当たってい

る時,成長の過程なので乗り越えられるよう一緒に応援しましょう」という姿勢で関わった。タカシが力を発揮している様子や変化したことも含めて課題も話すようにした。また,他の保護者も交えて話をすることも心がけた。いろいろな見方や意見を聞いて,視野が広がればと思った。

　この事例では,保育者が耳を傾け聴くことに立ち戻ったことで,関係も変わってきている。我が子のことも否定されているのではないと思えるようになり,課題も受け止められるようになってきた。保育者自身が気持ちを切り替えたり,コミュニケーションの取り方を工夫するなど,思いが伝わるような努力は必要である。また重要なのは,保護者同士の関係の広がりを意識していることである。他の保護者の考えにも触れることで,我が子中心の見方から客観的な見方もできるようになってきている。保護者同士の関係を育むことも子どもの成長につながる大切なことである。

6. 共に成長

　保護者との信頼関係は,日々の関わり,コミュニケーションが基盤になる。はじめはなかなかうまくいかないこともあろう。無理せず小さな関わりを積み重ねることで徐々に相手に気持ちが伝わり,信頼関係につながってくる。心を傾けしっかり話を聴くこと,受け止める共感的な姿勢,子どもの成長を喜び共有すること,誠実であることが大切であり,それは自分自身をも成長させてくれるであろう。

まとめの課題

○事例を読み,自分だったらどのように対応するか考えてみよう。
　またグループの友達とそれぞれの考えを話し合ってみよう。

第12章 育ちを支える保育者同士の人間関係

予習課題

・事例12-1を読んで、あなただったらどうするか考えてみよう。
・実習の際に、実習先の先生に質問したり話したりできなかったことがあっただろうか？　それはどのようなこと（内容）だっただろうか？　それをどのように質問したり伝えたりしたらよかっただろうか？　話し合えるように準備していこう。

1. 子どもの育ちを支える保育者同士の関係とは

　大人同士の温かい関係の網の目は、そのクラスやその園に和やかな雰囲気を醸しだし、それぞれがそれぞれらしくあるとともに、よりよい方向へと伸びていこうとする力を発揮させてくれるように思われる。

　例えば、あなたがあるクラスに実習生として参加させてもらった時、第1日目に子どものいざこざに出会ったら……？　と想像してみよう。多くの場合、実習1日目は子どもたちのことについてはほとんどわからないまま参加することが多い。その場での様子を手がかりに、なんとか乗りきるしかないのだが、その場にいた子どもたちの普段の様子（自己主張の強い子どもなのか、あまり主張しない子が思い切って主張したゆえのいざこざなのかなど）や、これまでの育ち（少しずつ自分の主張を言葉で伝えられるようになってきている時期か、これからそれを育てようとしている時期かなど）、また担任の先生がそうした場面において何を大切に関わろうとしているか……と

いったことはわからないまま子どもたちと関わることになる。

だから，そうした関わりについて，"これでよかったのだろうか？ もっと適切な関わりがあったのではないだろうか？"といった思いをもつことが多いのではないだろうか。そして，それはきっとその日の担任の先生との話し合いで，話題にせずにはいられないだろう。何よりもその子どもたちの育ちにとって大切な体験となってほしいと願うからである。そして，その時のあなたの思いを担任の先生に話し，担任の先生が自分の思いを温かく受け止めてくださった上で，「こうするともっと子どもたちに大切なことが伝わるのでは……」と話してくださったり，さらには担任の先生のその子どもたちへの思いや，いざこざ場面で今大事にしていることなどについてのお話があったら，あなたは今度の機会には，それらを参考にして，子どもたちにとって意味ある体験となるよう自分なりに挑戦していこうと思えるのではないだろうか。そうやって保育者同士のありようが認められ，よりよい生活をつくり上げていこうとする姿勢は，子どもたちにも深いところで伝わっていくだろう。

子どもの姿をどう理解し，保育について何を大切に考え，どのように関わろうとしているのかを，お互いに知ることが，子どもの育ちを支える保育者同士の関係の根幹になるものである。ベテランの保育者だからこそ見通せる事柄もあれば，実習生や若い保育者の初々しい感覚や疑問から見えてくる事柄もある。それぞれのよさを生かし合っていける関係を築いていくことが，子どもの豊かな関係や育ちを支えていくことになる。

2．複数担任の一人として

事例12-1　今度からは自分の思いを話そう

　この春就職し，ベテランのサチコ先生，トモミ先生と1歳児のクラスを担任することになった。13人のクラスの中に，オルガンに上がったり，引出しを開けて次々に中身を放り出してしまうコウタがいる。ほかの子どもたちは「オルガンの上にのってはいけないよ」と伝えると繰り返す行動は見られなくなる

のだが，コウタだけは繰り返す。そうすると，真似をする子どもも出てきて，室内はぐちゃぐちゃになるし，片付けも大変である。

　６月，サチコ先生から「コウタは何度言っても繰り返すので，オルガンに板をあてて上がれる足がかりがないように囲い，引出しにはテープを貼ろうと思うのだけど……」という話があった。私は，子どもたちへの対応で精いっぱいだし，ベテランの先生がそう言うので，そういうやり方もあるなあ……と思って，子どもたちがいない間に一緒にテープを貼った。

　翌日の登園時，貼られているテープを見て指さす子どもたちもいる。サチコ先生たちが「今日から引出しはお休みすることになったの」と子どもたちに話しているので，子どもから聞かれた時には同じように話した。コウタも，さすがにテープをはがしてまで引出すことはしない。ただ，おもちゃの入っている箱をひっくり返して周りの子どもを驚かしたり，ほかの子どものしている楽しそうな遊びに入って，結果的にその遊びを壊してしまったりすることが少し増えたような気がする。コウタを"怖い子""いやな子"のようにほかの子どもたちが思いつつあるような気もする。

　コウタが引出しを開けることを制止したり，コウタを追いかけ続けるような状況は減ったのだが，何日かするうちに，このままの状況が続いてもいいのだろうか？　との思いも出てきた。でも，ベテランのサチコ先生には見通しがあるのだろうし，そのやり方に異を唱えるようでもあり，自分の思いは言いだせずにいた。

　数日後，園長先生がたまたま保育室に来られ，「どうしてテープが貼ってあるの？」と問いかけられた。これまでの経緯をサチコ先生が話し，それを聞いた園長先生が，「引出しの中に何が入っているのだろうかと見てみるような行為は，けっこうどの子どももするわね。そういう好奇心も大事だと思うし……」とさりげなく言われた。サチコ先生は「貼らない方がいいでしょうか？　私もずいぶんと迷ったのですが，物が散らばって危険もあるし……」と話すのを聞いて，ベテランの先生でも迷っていたのか，と思った。

　そして，コウタはどうして引出しを繰り返し開けるのか，どんな時にするのか，ほかの生活面はどうかなど，引出しを開ける行為の意味についての話し合いが始まった。また，引出しをテープで貼ってしまうことのクラスの子どもたちにとっての意味も考えた。私は発言はできずに，先生方の話し合いを「なるほど」と思って聞いているだけだったけれど，本当に勉強になった。結局，中の物を整理した上で，翌週からは引出しのテープをはがすことになった。

　その週末，保育者全員が顔をそろえての園内研修の時間がもたれた。初めて研修会に参加し，子どもたちにとってのいい保育園とはどのような所なのか，そのためには何が必要なのかということを改めて考えさせられた。保育士とい

> う職業に就いたが，私は"子どものための保育"ができていたのだろうか？と思った。どうすれば子どもたちにとって一番いいのか，ということを考えていなかったことにショックを受けた。
>
> 　全員で意見を出し合ったり，見方を変えることによって，少しずつ解決策が見えてくるものなのだと感じ，もっといい保育園にしたいという先生方の思いが伝わってきて，胸をうたれた。子どもたちが伸び伸びと自分らしく生活していけるように，子どもたちからのサインを見逃さず，よりよい園になるよう力を合わせていきたい。そのために，自分の感じたことをまずは身近にいる先生方に伝えたり，相談したりしていこうと思った。

　この事例のように，若手の保育者にとって，ベテランの先生方と意見交換するというのは難しい場合もあることだろう。自分の意見としてはっきりしたものが見出せない場合もあるし，見出せても最初のうちはこの若手保育者が心配したように，批判と受け止められてしまう場合もないわけではないからである。でもせめて，自分がどうしたらいいかと困っていることがあったら一人で抱え込むのではなく，素直な気持ちで話したり相談したり，オープンにしていくことから始めてみよう。また，話題にするのは，驚いたことや発見したこと，うれしかったことなどでもいいのである。それらをきっかけにして，ベテランの先生方の思いに触れたり，共に保育について考えていくことで，協働に向けての第一歩が始まる。

3．園内の保育者の一人として

　この園では，保育者から困っていることなどが提案されると，皆がそのことに耳を傾け，一緒に考えていくという雰囲気がある。そして，研修や会議で出た意見やアイディアを取り入れ"できるところからやってみよう"と，実践に移していく。そして，その中での子どもの姿を見ながら方向性や手だてを修正するなどの試行錯誤を続けていくのである。

3．園内の保育者の一人として　119

事例12-2　園内全体の話し合いで話してみる

　この春から5歳児25人のクラス担任になった。私の園では複数で担任することが多いのだが，8年目の今年，初めての一人担任である。
　年長児には，様々な行事への参加や，お兄さんお姉さんとして毎年担ってきている生活面での活動もある。その1つが遊戯室に3歳児クラス以上の子どもたちの昼寝用の布団を敷く活動である。一人担任なので，クラス皆で遊戯室へ行き，子どもは保育者から布団を受け取って（高さのある押入なので大人でないと出し入れできない）布団を敷き，保育室にもどって給食の支度をする。
　布団敷きでは1対25のため子どもたちの待ち時間が長いし，給食の配膳でも待ち時間があり，その間にいざこざが起きてしまう。その対応をしているとさらに時間が過ぎていく。このクラスの子どもたちは，相手の立場に立って考える姿勢が弱いように思うので，いざこざの場面での話し合いは大切にしていきたいと思う。そうこうしているうちに時間が過ぎ，給食後に遊ぶ時間も取れないまま昼寝に入らざるを得ず，それが昼寝の時のざわつきにもつながっているように思ったりする。遅く遊戯室に入るので，年少さんや年中さんを起こすようなことになり，それも心苦しく思っている。
　思い切って，園内研修でクラスの現状や自分の思いを話してみることにした。昨年の5歳児は複数担任で，給食当番と布団敷きの当番に分かれて，それぞれに保育者がついて活動できていた様子などが語られ，その時間帯に入れる保育者（園長先生を含めて）が加わって，分かれて活動できるような態勢をとることとなった。そして話し合いは午睡のことにも広がっていった。
　研修では様々な意見が出て，自分の心が波立った瞬間もあったが，年長児の現状や自分の思いを分かってもらい，一緒になって具体的な手だても考えてもらえて，やはり話題にしてよかったと思った。
　週明けから，クラスの7グループのうち3グループが遊戯室で布団敷き，残りの4グループが保育室で給食準備をしようと，子どもたちに提案した。布団敷きは，別の先生がお手伝いしてくれること，保育室の給食当番を担任が一緒に行うことを伝えた。布団敷き当番は，布団敷きが終わり次第，保育室にもどって給食準備をすることとなった。
　布団敷きをほかの保育者に見てもらえることで，まず担任自身の気持ちにゆとりが出てきた。給食室に行く際に様子を見てみると，人数を半分にしたことで待ち時間が少なくなり，次から次へと運ぶので，やりがいも感じているように思われた。また，給食の配膳の待ち時間で起こるトラブルが少なくなり，食後に遊ぶ時間が確保できるようになった。
　布団敷きを手伝う保育者から，人数を半分にしたことで，"任せられた"と

> いう気持ちが強まり，"責任感"が生まれたようで活動がスムーズになったこと，待ち時間が短くなったことでざわつきやイライラが少なくなったこと，そうした中で一人一人に成長が感じられるなどの話があった。また，給食を始める時間が早くなり，食べた後に少し遊べることもあって，午睡も落ち着いた雰囲気の中でできるようになったとの3・4歳児担任からの話もあった。
>
> 　その後，9月までこの態勢をとっていたが，10月から0歳児が増え，手のあいている保育者は昼食時に応援してほしいとの提案があった。0歳児担任の話を聞き，自分も協力したい気持ちになるが，私にできることは担任一人で布団敷き当番と，その後の給食の配膳を行うことであると考えた。思い切って取り組んでみると，布団の敷き方も上手になり，心配していたトラブルも起こらず，担任一人の対応でも以前ほど時間がかからないようになっていた。子どもたちが育っていることの驚きとうれしさを感じるとともに，子どもたちで生活を進めていくための，よいきっかけになったと思う。

4．「わたし」「あなた」の保育課題を「わたしたち」の保育課題に

　これまで見てきたように，保育の場においては，「わたし」や「あなた」の課題（問題）を，「わたしたち」の課題（問題）として，話し合っていく人間関係がある中で，子どもたちにとってのよりよい生活や育ちが実現されていくことが感じ取れるであろう。そのために，「わたしのクラスの子どもや保育」のことだけに目を向けていればいいのではなく，「わたしたちの園の子どもたちとその保育」との意識をもって，日ごろから子どもたちと関わり，理解していこうとの姿勢をもつことが大切である。

　もちろん，担任として責任をもたなければならないこともあり，園内全体の子どもについて，クラスの子どもと同じように理解していくのは無理があろう。しかし，若手保育者も園内研修や会議などの話し合いに参加する中で，その子どもについて注意深く見つめるようになったり，また，延長保育の時間など，様々な場面で触れ合うクラス以外の子どものありようにも，広く関心を寄せるようになっていくようである。

最初のうちは，話し合いの場で発言することができなかったとしても，多くの意見に触れる貴重な機会となる。そうした中で，自分自身の考えが形成されたり，また実際の場面でも自分なりにできることを行動していこうとするようになっていく。そして，次第に自分も助けてもらうことの多い立場から，時には手助けできるようになったり，自分なりの考えやアイデアを提案し，共に考え合っていける存在として成長していけるのではないだろうか。

　現在の保育の場では，全員そろっての職員会議や研修を開くことが難しい状況にあると言う。保育者全員で話し合うことができれば一番望ましいだろうが，かなわない時でも，できる限りこまめに子どもの様子や保育について話し合うことを心がける姿勢をもつことが大切だと思われる。

　そうした温かい人間関係をもつ園の保育者は，保育者としてのあり方について以下のように述べている。

　「"自分のクラスが大切"という想いのほかに，ほかのクラスの子どもたちも自分のクラスの子と同様に大切に思い，保育を皆で向上していこうとする気持ちをもつこと。そして，小さな悩みも園全体の悩みとして周りの先生に相談し，また，自分が実践してよかったと感じた保育を伝え合うことが大切だと思う」

　「保育者同士の信頼関係を基盤に，お互い，よいところは素直に認めほめたり，逆によくないところは"もっとこうするとよかったかも……"と伝えることができ，伝えられた保育者も素直に受け止められる。向上していけるような関係でいられることが必要だし，そうありたい」

　「お互いがお互いの存在を認め，支え合うことだと思う。自分一人ですべてを背負い込むのではなく，周りの人間＝共に働いている人たちと助け合っていくこと。この"支え合う心"がないと，園の結束力がなくなったり，どこか欠けた保育になってしまうのではないだろうか。保育者一人一人がその心をもっていないと，成り立たないような気がする。だれかが"困っている""手をかしてほしい"というサインを見逃さず，すぐにフォローしたりされたりすると，"支え合っている"という安心感が生まれ，

よりよい保育ができるようになっていると思う」。

大場幸夫は，こうした関係を"同僚性"として，専門的な発達の重要な面であると述べている[1]。「園全体を，こどもたちの育ちの場として受け容れていく態勢を，保育者がみんなで構築することを明確にして，共通理解するべきである。そういう態勢を作り上げるためには，自分が何かをしてもらうことを求める前に，誰かが必要とするときに必要な支援をする自分の判断と行動がまず先にあるべきだろう。支援というと，自分にとってのまわりの保育者から自分に向けられる支援の方が強調されがちである。しかしそういうふうに，誰かから何か助けてもらうことではなく，"保育者仲間"のサポートを互いに考慮して取り組むこと，つまり自分の保育者としての在り方に同僚性を認めることが大事ではないか」としている。さらに，「専門的な発達ということが，個々の保育者の力量や資質を論ずる視点から考えていくと，理論や技術の習得という形を描きやすい。それと同等かそれ以上に，園の保育者全体が相互支援という態勢を，日常的にさりげなく振る舞うなかで，ちゃんととれることが，専門的な発達のもう一つの側面として大事になる。集団の組織力としてこどもの園生活を支えるものになることが，本当の意味での専門的な発達ではないか」とも述べている。

保育の専門家として，子どもの育ちを育む保育者同士の関係性の大切さを自覚し，それをつくり出す一歩を踏み出していこう。

まとめの課題

1．事例12-1についてまとめたことをグループで発表・意見交換をしてみて，さらに気付いたことをまとめよう。
2．人との関係づくりにおいてあなたが大切にしていることをまとめよう。

引用文献

1）大場幸夫：こどもの傍らに在ることの意味　保育臨床論考，萌文書林，2007

第13章 子どもたちの人間関係を育む学級経営

予習課題

・今までの学校生活の中で好きだったクラスはどのようなクラスでしたか？どうして，そのようなクラスになったのでしょう。思い出して整理してみましょう。

「幼稚園教育要領」の領域「人間関係」の内容の取扱いの解説部分に，「教師の重要な役割の一つは，幼児一人一人との信頼関係を基盤に，さらに，幼児同士の心のつながりのある温かい集団を育てることである」[1]とある。では，どのようにしたら「心のつながりのある温かい集団を育てる」ことができるのだろうか。3歳児以上に焦点を当てて考えていこう。

1．友達との関係を視野に入れた保育者と一人一人の子どものつながり

保育者が子どもと信頼関係を築くことの重要さは，ここまでに十分に学んできたことである。学級づくりを考える上でも，保育者との信頼関係が基盤になることは言うまでもない。「保育所保育指針解説」[2]には次のようにある。

（前略）互いの信頼感で結ばれた温かい集団は，いわゆる集団行動の訓練のような画一的な指導からは生まれてこない。集団の人数が何人であろうとも，その一人一人がかけがえのない存在であると捉える保育士等の姿勢から生まれてくるの

である。
(中略)一人一人のよさや特徴が生かされた集団を形成するためには,まず保育士等が,子どもの心に寄り添い,その子どものよさを認めることが大切である。(中略)保育士等が,その子どもなりに取り組んでいる姿を認めたり,ときには一緒に行動しながら励ましたりして,子どもが,安心して自分らしい動き方ができるような状況をつくっていく必要がある。(後略)

具体的にはどのようなことなのか,事例から考えてみよう。

事例13-1　2年保育4歳児7月

ソラが病院に行ってから登園したところ,クラスの友達はすでに保育室で遊んでいた。ソラはやっと幼稚園に慣れたところだったので,遅刻してみんなが遊んでいる保育室に入ることに緊張している様子だった。担任のリエ先生は優しく声をかけ手をつないで保育室に入る。
すると,ソラに気が付いたアツシが「おはよう」と声をかける。ソラの表情は硬い。リエ先生が「おはよう,だって」とソラに言うと,側にいたタイヨウも「ソラちゃん,おはよう」と言う。少し遠くにいたミミも「おはよう」と声をかける。ソラは皆に背中を向けて黙ったまま身支度を続けている。その様子を見たリエ先生は「ソラちゃん,みんなが『おはよう』っていってくれるとうれしいね」と言う。ソラは黙ったままだったがうなずき,支度のスピードを速めて遊び始めた。

リエ先生は不安気なソラを受け止めつつ,気持ちを切り替えて挨拶ができるといいと考えていた。ところが,ソラはますます体を硬くする。ソラに挨拶を求めることは難しいと判断したリエ先生だが,つながりが芽生える機会なのにソラにとって嫌なこととして終わらせたくないと考える。そこで,「友達に声をかけられることはうれしいこと」という意味付けをしたのだろう。同時に,周りの子どもたちに「声をかけることはソラちゃんにとってうれしいこと」と伝わったに違いない。先生にほめられるから挨拶をするのではなく,相手がうれしいから挨拶をする子どもになるだろう。つまり,リエ先生は互いの関係を視野に入れてソラに言葉をかけたと言える。

> **事例13-2** 保育園3歳児9月
>
> 　オサム先生がクラスの子どもたちに絵本を読み始めると，タカフミが廊下の方に出ていく。副担任のソヨコ先生がすぐに様子を見に行くが，その様子に気が付かない子どももいる。オサム先生は「タカフミ君，どうしたかな。早く戻ってくるといいね」と言ってから，絵本を読み続ける。ちょうど読み終わった時にタカフミとソヨコ先生が戻ってくる。すると，オサム先生は「おかえり，待っていたよ。絵本はまた今度一緒に見ようね」と声をかける。

　一人の子どもが保育室を出て行っても，副担任の先生がいれば安全上の心配はない。そのまま絵本を読み続けることもできる。しかし，それでは子どもたちが友達の動きに関心を寄せなくなってしまう。一人一人が学級の一員である。互いに温かい関心を寄せ合うことの大切さを考えると，日常の一コマを大切に積み重ねることが必要だろう。

2．保育者と子ども，子どもと子どもをつなぐ3つのアプローチ

(1) 遊びでのつながり

　保育者が試行錯誤をしても「子どもと子どもの関係をつなげる」ことは難しい。しかし，遊びの中で子ども自らが「つながる」ことがある。事例を見ていこう。

1) 文脈やイメージでつながる

> **事例13-3** 保育園3年保育4歳児2月
>
> 　数人の女児がお雛様ごっこをしている。不織布で作った簡単な着物風の衣装を身に着け，踊ったり「家」で暮らしたりしている。一方，数人の男児が積み木で「家」を作り，そこには大きな「風呂」もある。「風呂」にはペットボトルのキャップを使って追い炊き機能のスイッチを作り，「ぬるいね」「じゃあ，温めよう」などと楽しい雰囲気となっている。
> 　お雛様ごっこの女児がその様子に気が付く。「私，お風呂に入ってくる」と

> 男児たちの「家」に行こうとすると,「私も」「私も」と連なって出かける。「こんにちは」「お風呂,入れてください」と言うと,男児は「いいよ」「温める?」とうれしそうに答える。

　この子どもたちが一緒に遊ぶことはあまりない。では,どうしてこの日は可能となったのだろうか。しかも,保育者は何も促していない。それは,男児たちの遊びのイメージが明確に魅力的に実現されていて女児たちに伝わりやすく,その中で「お風呂に入りに行く」という文脈が生成されたからだと考えられる。

2）同じ目的があることでつながる

事例13-4　こども園5歳児1月

> この数日,ルカは何度もコマ回しに挑戦するが,なかなかできない。すると,コマ回しをしていた男児3人がそばに来る。「教えてあげようか」と言われ,ルカは戸惑いながらも「うん」と言う。すると,シュウジがルカのコマを手に取り「巻いてあげる。投げるだけしたら」と言う。ひもが巻かれたコマをルカが持つと,ジュンが「こうやって。こう!」と一生懸命に教える。ルカが回してみるとやはり回らない。シュウジたちは「あ〜」と残念がる。繰り返すうちに,もう少しで回りそうになり,「もうちょっと」「惜しい」と大きな声で言いながらルカの様子を見ている。

　事例13-3と同様に,この子どもたちが一緒に遊ぶことはあまりない。この関係がつながったのは,間違いなくコマ回しという同じ目的をもっていたからだろう。男児たちにとっては,自分たちもあきらめないで挑戦して回せるようになった経験から,回せないでいるルカの様子が気になった。回すことを願っているルカだからこそ,コツも教えたくなったのだろう。同様に,縄跳びや竹馬,一輪車,逆上がりなどからも思いがけない子ども同士のつながりがうまれることが考えられる。

3）ルールがあることでつながる

事例13-5　3年保育4歳児3月

　タケシはいつもブロックで遊んでいることが多く，一緒に遊ぶ友達も限られていた。体を動かすことが苦手で，鬼ごっこやドッジボールなどもしない。アユミ先生は何とかタケシが友達と体を動かす遊びを楽しめないかと考えていた。
　ある時タケシと話をしていたら，家族とかくれんぼをしたという。「じゃあ，かくれんぼしよう」と誘ったところ，「うん!」とうれしそうに言う。アユミ先生とタケシがかくれんぼを始めると，「入れて」と何人かの子どもたちが入ってくる。

　翌日，タケシは自分からアユミ先生を誘い，かくれんぼを繰り返し楽しんだ。友達が先に始めていると，「入れて」と自分から遊びに入ることもあった。鬼ごっこにこだわらず，タケシの大好きなかくれんぼを展開したことが，タケシと他の子どもたちをつないだと言えよう。

（2）一斉活動でのつながり

　子どもと子どもが出会う機会，相手のことに気付く機会，関わる機会を保育の中に計画的にちりばめることが大切である。子どもにとっては偶然であり，瞬間であり，ささやかなことであろう。しかし，それがきっかけになることもあるだろう。また，積み重なることで確かなものになることも考えられる。

事例13-6　保育園5歳児4月

　ヨウコ先生は椅子取りゲームを始める。先生は椅子を3つ減らし，子どもたちは歓声をあげる。ピアノが止まり，子どもたちは急いで椅子に座る。3人の子どもが座れないでいると，先生は「椅子がないね。でも大丈夫，お友達の膝の椅子に座っちゃいましょう」と楽しそうに言う。3人は戸惑いながらも友達の膝に軽く座る。「素敵な椅子，見つけたね。じゃあ，椅子さん，子どもが落ちないようにシートベルトをガッチャン!!」と椅子役の子どもが腕で友達を抱えるように促す。子どもたちからは笑顔があふれてくる。1回戦で座れなかっ

> た3人の子どもも一緒に2回戦が始まる。先生は，椅子をさらに減らしたので，子どもたちは大歓声をあげる。今度はさらに多くの子どもが座れなくなるが，戸惑うことなく友達の膝に座り始め，椅子役の子どもは「ガッチャン」と抱えていく。

　通常の椅子取りゲームとヨウコ先生のゲームでは，子どもが経験することに違いがあることがわかるだろう。座れなくても楽しさがあり，友達とスキンシップをする機会となり，何度でも友達と一緒にゲームに参加できる。椅子役になりたくて大きい声で「ここ，いいよ！」と声をかけ始め，始めは戸惑っていても次第に誰の膝でも座るような雰囲気が生成される。ヨウコ先生は，最後には半分の椅子を取り，全員が座ったり座られたりする経験ができるようにしていた。

（3）生活でのつながり

　保育には，遊びや一斉活動以外に，身支度・片付け・着替え・排泄・手洗い・うがい・集まり・昼食・午睡・おやつなどたくさんの生活の部分がある。これらは時間の流れの中で集団の一員として進めていくことであり，子どもにとって葛藤や難しさを伴う場合がある。詳しく見ていこう。

> **事例13-7　2年保育4歳児5月**
>
> 　ケイコはほとんどの子どもたちがピアノの前に集まっているのに，まだ手洗い場にいる。石鹸を何度もつけては洗い，楽しんでいるようでもある。やっと洗い終わり，ピアノのあたりに来る。誰かを探しているようだ。ソノコを見つけると，「ケイコ，ソノちゃんの隣がいいの」と言う。ケイコは「ケイコはソノちゃんの隣！」と繰り返し言い，大きな声で泣き始める。

　「早く来た人から座るのよ」と言いたくなる場面である。しかし，集団生活に慣れてきたケイコの気になる友達がソノコである。「大好きだから隣に座りたいね」とケイコの気持ちを受け止めることはできないだろうか。子どもたちにケイコの気持ちを伝えることもできるだろう。友達の揺

れる気持ちを「いけないこと」「関心をもたないこと」ではなく「知ること」となる。何かあった時にみんなで考え合う学級になるかもしれない。ピンチをチャンスとしてどのように対応するかは「温かい集団づくり」に大いに影響する。あなたが担任だったら、どのように援助するだろうか。

3. 保育者と子ども、子どもと子どものつながりを支える2つのこと

(1) 園内の保育者との連携

事例13-8 こども園3歳児6月

　新任のマユミ先生は、ケンタロウに注意をする毎日だった。友達の使っている遊具を取る、順番を守らないなどいざこざの対応に追われていた。ある日、マユミ先生が職員室でケンタロウのことを嘆いていると、主任の先生が「ケンちゃんは何が好きなの？　何して遊びたいのかな」と言う。マユミ先生は「えっと…」とすぐには答えられなかった。

　職員室で子どもの話をするのはとても大切だ。職員会議ではなく、日常のさり気ない場面で話すことで打開策がみえてくることがある。主任の先生は「マユミ先生がケンちゃんを注意ばかりしていると、子どもたちも『ケンちゃんは悪い子』って思うんじゃない？」「ケンちゃんを注意しない場面でたくさん遊んでみたら？」とアドバイスをくれた。

(2) 保護者との連携

事例13-9 保育園5歳児5月

　「手のひらを太陽に」の歌を歌い終わると、一人の子どもが「オケラって何？」と聞く。どうやら、歌詞の「ミミズだって、オケラだって、アメンボだって…」のオケラのことを言っているようだ。先生は「何だろうね、知って

> いる人いる？」と聞くが返事はない。先生は「いいこと考えた！ お家の人に聞いてくる，ってどう？」と言う。

　先生が調べることはもちろんできる。しかし，保護者を巻き込むことで，家庭で子どもがオケラの話をすることになり，保護者が絵を描いたり一緒に調べたりという時間がうまれる。それは，親子のひとときに留まらず，保護者が学級の様子を知ることになり，学級に参画することにもなる。この後，オケラの絵や写真，図鑑などが学級に寄せられたことは言うまでもない。保護者が，子どもの前で話をしたこともあった。

　保護者を巻き込む保育には保育参観や学級だより，ドキュメンテーション，ポートフォリオなどもあるが，いずれにしても子どもの一言をていねいにすくいあげて，タイミングよく保護者を巻き込むことが大切である。

～～～～～～～～～～～～～～～～～～～～～～～～～～～～

　「人間関係」の授業で，「温かい集団ってどんな集団？」と聞いたことがある。学生たちは「困っている友達がいたら助ける」「安心して失敗できる」「誰かがうれしい時に一緒に喜ぶ」などと語っていた。子どもたちと共に，「心のつながりのある温かい集団づくり」を目指す保育者への一歩を歩むことを願ってやまない。

まとめの課題

○あなたが幼稚園や保育園の時，先生や友達にしてもらってうれしかったことは何ですか？　思い出して整理してみよう。

引用文献

1）文部科学省：幼稚園教育要領解説，2018
　　保育所保育指針解説，認定こども園教育・保育要領解説も同様。
2）厚生労働省：保育所保育指針解説，2018
　　幼稚園教育要領解説，認定こども園教育・保育要領解説も同様。

第14章 子どもの育ちに関わる地域の人々との人間関係

予習課題

- あなたは、①〜⑤の過程で地域とどんな関わりがあったか。
  ①乳幼児期　②小学校時代　③中学校時代　④高校時代　⑤大学時代
- 上記の各々の過程で、地域に育てられたもの、地域から学んだものは何か。
- 今、生活していて、いいなと思える地域との関わりがあるとしたら何か。

1. 地域のなかでの子どもの人間関係の育ち

　乳幼児期の人間関係の育ちは、やがて大人になっていく上で人と関わる力の礎（いしずえ）となる大切なものである。表14-1は、幼稚園教育要領、保育所保育指針、幼保連携型認定こども園教育・保育要領で、領域「人間関係」という視点から、子どもの育ちと地域の方々との関わりに関する記述を抜粋したものである。「幼児期の終わりまでに育ってほしい姿」として、「地域の身近な人と触れ合う中で、人との様々な関わり方に気付き、相手の気持ちを考えて関わり、自分が役に立つ喜びを感じ、地域に親しみをもつようになる」ことを方向性に、領域「人間関係」のねらい、内容などを表のように定めている。ねらいにある「身近な人」とは、家族や親族、共に園生活を送る人たちを思い浮かべる人は多いだろう。乳幼児期の人間関係の育ちにとって、それらの人が核、基盤となることは間違いないが、他にも子どもにとって身近に感じられる人がいることは、その子にとって関係を結ぶ相手、機会が広がっていることで、人間関係が育つ基盤の広がりが豊かにあるということだ。その広がりの中で出会う多様な人との関わりは、家

表14-1　幼稚園教育要領，保育所保育指針，幼保連携型認定こども園教育・保育要領にみる地域との関わり

			幼稚園教育要領	保育所保育指針	幼保連携型認定こども園教育・保育要領
「社会生活と関わり」	幼児期の終わりまでに育ってほしい姿		家族を大切にしようとする気持ちをもつとともに，**地域の身近な人と触れ合う中で，人との様々な関わり方に気付き，相手の気持ちを考えて関わり，自分が役に立つ喜びを感じ，地域に親しみをもつようになる**。また，幼稚園（保育所，幼保連携型認定こども園）内外の様々な環境に関わる中で，遊びや生活に必要な情報を取り入れ，情報に基づき判断したり，情報を伝え合ったり，活用したりするなど，情報を役立てながら活動するようになるとともに，公共の施設を大切に利用するなどして，社会とのつながりなどを意識するようになる。(第1章)		
ねらい	1〜3歳未満児			保育所（幼保連携型認定こども園）での生活を楽しみ，**身近な人と関わる心地よさを感じる**。(第2章)	
	満3歳以上		身近な人と親しみ，関わりを深め，工夫したり，協力したりして一緒に活動する楽しさを味わい，愛情や信頼感をもつ。		
			社会生活における望ましい習慣や態度を身に付ける。(第2章)		
内容	1〜3歳未満児			身の回りに様々な人がいることに気付き，徐々に他の子ども（園児）と関わりをもって遊ぶ。(第2章)	
	満3歳以上		高齢者をはじめ地域の人々などの自分の生活に関係の深いいろいろな人に親しみをもつ。(第2章)		
内容の取扱い	満3歳以上		**高齢者をはじめ地域の人々などの自分の生活に関係の深いいろいろな人と触れ合い，自分の感情や意志を表現しながら共に楽しみ，共感し合う体験を通して，これらの人々などに親しみをもち，人と関わることの楽しさや人の役に立つ喜びを味わうことができるようにすること。また，生活を通して親や祖父母などの家族の愛情に気付き，家族を大切にしようとする気持ちが育つようにすること。**(第2章)		
幼稚園運営上の留意事項（幼稚園）／保育の実施に関して留意すべき事項（保育所）			幼児の生活は，家庭を基盤として**地域社会を通じて次第に広がりをもつものであることに留意し，家庭との連携を十分に図る**など，幼稚園における生活が家庭や地域社会と連続性を保ちつつ展開されるようにするものとする。その際，**地域の自然，高齢者や異年齢の子供などを含む人材，行事や公共施設などの地域の資源を積極的に活用し，幼児が豊かな生活体験を得られるように工夫するものとする**。(後略)(第1章第6 2)	**子どもの生活の連続性を踏まえ，家庭及び地域社会と連携して保育が展開されるよう配慮すること**。その際，家庭や地域の機関及び団体の協力を得て，**地域の自然，高齢者や異年齢の子ども等を含む人材，行事，施設等の地域の資源を積極的に活用し，豊かな生活体験をはじめ保育内容の充実が図られるよう配慮すること**。(第2章4(3)家庭及び地域社会との連携)	

庭や園生活とは異なる場での望ましいあり方や態度を育んでいく。

　地域と子どもの人間関係の育ちという点からねらいを見た時，最も関係が深い内容は「高齢者をはじめ地域の人々などの自分の生活に関係の深いいろいろな人に親しみをもつ」という項目である。

　こうした内容が取り上げられるのはなぜだろう。核家族化が進み，地域の人間関係も隣近所付き合いがなくなってきている。大人（社会）のそうしたあり方は，子どもたちの人と関わる力も弱めていく。そのため幼稚園や保育所，認定こども園には，地域の人々を巻き込んで保育を進めていくことが求められている。少子高齢化と言われて久しく，今を生きる子どもたちは，これまで直面したことのないような超高齢社会を生きていく人たちである。一方，家庭で高齢者の死に立ち合うことも少なくなった。乳幼児期から高齢者と触れ合うことで，人は多様であること，人が生きて死んでいくこと，老いていくことへの尊厳をもって高齢者を遇（ぐう）することのできる大人になっていくための素地がつくられていく。

　また，地域には高齢者だけでなく，様々な大人がいて，その中には園の設備・環境をメンテナンスする業者もいれば，園外保育などで出かけていく先に勤務している大人もいる。散歩で出会う住民もいる。さらに地域には，自分より小さな未就園児，小・中学校に通う児童・生徒も子ども自身にはやや自分に近い魅力的な存在としており，子どもの人間関係の育ちに影響する。受け皿が広がれば，そこにいる人も，障害がある人，外国につらなる人などさらに多様化する可能性がある。

　そして，忘れてはならないことは，これらの人々との関わりは，園児たちにとって有意義なだけでなく，地域の人々にもとても意味がある。園児たちの明るさや愛らしさは，高齢者の心をほっと和ませることであろう。園児は，まだ小さく何もできないように見えるかもしれないが，存在そのものが癒（いや）しでもある。また，園児に頼りにされる児童・生徒の誇らしさや園児に助けられる未就園児の感じるうれしさ，年齢の近い者同士のいざこざ・物の取り合いから学ぶことも多い。こうした体験を通して，相互に，人は人と共にあることを実感することにつながっていく。

2．保育実践にみる子どもと地域の人々との関わり

　子どもが人として健全に育っていくためには，家庭や園だけではなく，地域の人々との関わりも重要であることがわかったが，具体的な保育の姿としてはどのようなことなのだろうか。決まったものがあるわけではないので，それぞれの園が立脚する地域の中で保育者が考えていくことになる。幼稚園教育要領解説には「例えば，運動会や生活発表会を一緒に楽しんだり，昔の遊びを教えてもらったり，昔話や高齢者の豊かな体験に基づく話を聞いたりするとともに，高齢者福祉施設を訪問して交流したりするなど，高齢者と触れ合う活動を工夫していくことが大切」（p.181）だとある。確かに，電子ゲーム世代の子どもにとって，昔の遊びを知ることは，新鮮さや遊びの幅が広がること，失われていた遊びが伝承されていく契機になるかもしれない。子どもは他者と楽しく遊ぶことを通して，その他者を知り，好きになる。それは，人間を信頼していくことにつながっていく。

　園の行事に高齢者や地域の人々に参加してもらい楽しんでいただくことで，外からは見えにくい保育の一端に触れていただくことになり，保育活動に理解を得ていくことにもつながっていく。わが地域の中の園として認知されていくことにもなる。近頃は，子どもの声や運動会の練習のアナウンスや音楽がうるさいと苦情になることもある時代である。もともと，高齢者と子どもは，ともに生産の系から外れた時間を生きる近しい存在であった。他にどんなことがあるのかを保育事例を通してみてみよう。

事例14-1　町内会が出前する餅つき〜A県A市

　O氏とA氏は，子どもの頃から50年近く年の瀬に餅つきをしていたが，兄弟が独立し，親が他界してからやらなくなってしまった。しかし道具もあったので，町内の2校1幼稚園1保育所で餅つきをやりだし，その後は町内会主催で続いている。金銭的にも，体力的にも大変ではないか，どうして餅つきをするのかとお聞きすると，O氏は「子どもたちの笑顔のため」と語っている。こ

の市でも公立学校・園は，この地区の子どもだけが保育園・幼稚園から小学6年生まで毎年餅つきを体験している。以下は，幼稚園年少・年中・年長計9クラス（各クラス26名）での様子である。

　朝7時過ぎ，衛生・安全に細心の注意をしながら準備，ホールにもち米を蒸すいい匂いが立ち込める。「子どもが来てから出すよ」との言葉に，餅つきの過程をできるだけ子どもに見せたいという思いを感じた。子どもたちは年齢ごとにホールに入り，3，4歳児は町内会の方々がつくのを見る。5歳児は町内会の方々に杵の持ち方，つき方を教わってついてみる。石臼に熱湯を注ぐのは餅がくっつかないでまとまるためだとか，「最初からペッタンすると，ごはんがとんでいっちゃうからまとめてからつく」など，なるほどと思う工夫もある。保育者は，伝えたいところに着目させる言葉をかけていた。母親が手伝いに来ている子は，母子でつくのも楽しい。4歳児は，石臼を囲んで見ている際にも杵のつもりで両手を合わせて降り下ろす姿があった。5歳児クラスでは，「楽しかった」「おいしかった」以外に，杵の重さに気付いたり，実際につく前はドキドキしていたが，やってみたら楽しさに変わったことなどが聞かれた。ついた餅を，お母さん方が餅きり機で切る。お母さん方も，餅つきも餅きり機も初体験のようだった。以下は，担任の思い，担任が捉えた子どもの様子である。

〈5歳児〉去年の経験から，ついていくとお餅に変わることは知っていたが，餅米は知らないようだった。給食の時，このご飯でお餅できないねと言って箸でつついている（叩いている）子がいた。

　餅つき行事に向けては，保育者側もどうやってできるのかな，何味があるかな，と楽しみにできるように関わってきた。実際，お米からどんどんお餅になってきたね，と言う声も聞かれた。園内だけでなく，地域の人との交流はいいことだと思う。こうして助けてもらうことで，楽しい体験ができる。

〈4歳児〉去年も見ていて，何となく楽しみにしている。担任としても，来年度に気持ちが向くように，「来年はつくことができるから，よく見ておいでー」と餅つき会場（ホール）へ送り出したこともあってか，つき終わって部屋に戻ると，「次ぼくたちだね」と話していたり，目で見たことを話題にして来年を楽しみにしていた。注：O氏に伝えると，だからやめられないと，うれしそうに話しておられた。

　別の保育者は，「子どもたちは，クリスマスはよく知っているが，お正月の意識は薄れている。おせち，鏡餅，大掃除の話やおせち料理を食べる意味（例 栗きんとん：お金がたくさん入るように）を伝えるようにしている。前日，みんなのご飯と明日のお米は，「ちょっと違うんだよー」と話した。」

〈3歳児〉

> 1組　餅つきをしたことがあるかと聞いたが，知らないとのことだった。「杵・臼があるか見てきて」と言うと，わかったと言っていた子どもたちだったが，見るのもはじめてだったと思う。お米が固まっていく様子を「すごいなー」と見て，「おいしいねー」と食べた。
> 2組　帰りの会で，食べたお餅の数や味を話題にしたり，担任「<u>教えてくれたおじさんたちのこと覚えてる？</u>」と，町内会の方々にも触れた。

　事例14−1では，地域の人が園にやってきて行事を担っているが，子どもが地域の行事に参加することもある。また，餅つきは少なくなっていると言っても，日本の伝統として取り組んでいる園もあり，ある園では父母の会が主催で園児の父親たちがやっている。口に入れるものの衛生・安全という点では，責任の主体が園児の保護者にある場合と違う難しさもある。しかし，普段はないことで，子どもたちは楽しみにしていた。この中で，育っていること，生まれていることを考えてみよう。

　一人の子が実際に餅をつく時間は短い。だが，去年の経験から楽しみにしている4歳児に担任が，来年になったらつけるから，どうしているかよく見ておいでと話して送り出し，子どもたちも杵のつもりで両手を振り下ろす姿や，部屋へ戻ると次は自分たちだと話していた姿（波線）は，餅つきが園の文化として継承され出している（伝統文化の継承と園文化の継承）。

　園内だけでなく，地域の人に助けてもらって楽しい・有意義な思いをしたことは，人のためにすることを体験することでもある。単に子どもだけでなく，保護者や保育者も含め，各自の中に無償の社会参加の素地をつくっていくことになる。また，保護者の参加は子どもにはうれしいことに違いないが，年長児の保護者が手伝い，保育の一翼を担うことは，子どもの成長を実感する機会であると同時に，町内会の方々との交流を通して，地域の人々が思いを寄せてくれる中でわが子が育っていることを認識する機会にもなっている（地域の人との交流から地域の中の自分を感じる）。

　石臼や杵での餅つきという，お話の世界でしか知らなかったものとの出会い，それらを使って作る過程に様々な思いで関わったものを食する機会は親子ともに貴重である。米が餅になることは知っていても，もち米との

違いは知らない（点線）ので保育者は気付かせる声をかけたり，お正月の意識・季節感が薄れていく中，お正月にまつわる様々ないわれを伝えるなど，地域から心をかけてもらっていることを実感し，その厚意を生かすために一緒になって子どもへの言葉がけや環境づくりを工夫していて，単に餅つき行事にとどまらない（共に行事を作る体験の広がり）。

4歳児の担任が，来年への意識付けをして送り出すことなどは，取り組みが定着しているからのことで，それがまた，町内会の方々の，何といっても子どもたちの笑顔，行事としてやることで成長して記憶に残ればという思いで続ける原動力となり，衛生かつ安全に実施することへの気構えと配慮となって地域と子どもたちの関わりがつくられる（主催者の張り合い）。

小学校5年生の社会科で米作りについて学習する過程で，児童が苗を植え収穫した米で餅をつく学校もある。この地域の子どもたちは，積み重ねた餅つき体験から米作りを学ぶことになる。

事例14-2　ミニミニコンサート　3月

この園のピアノの調律師は，オカリナやフルートなどを嗜（たしな）み，演奏活動もしている。ボランティアでも演奏する。今日は調律にきた機会に，子どもたちの前で演奏する。最初，保育者が紹介する際，「知っている人？」などと尋ねると，5～6年前から続いているので，5歳児から「前も見た」の声や手があがる。調律師「何歳にみえる？」，子どもたち「30歳！」，調律師「いやはや…」などと会話しながら始まった。「となりのトトロ」など，子どもになじみのある音楽を何曲か演奏する。子どももところどころ一緒に歌い，手拍子を打つ。途中，子どもを集中させるべく，「おじさんの耳は動くんだよ」「よく見ててね」などと気を配ったり，ぽかーんとしている未満児の前にあぐらをかいて座り込んで，彼らの目線近くに寄ったりしながら，20分間，曲を披露した。

フルートという，園児になじみの薄い楽器の音色を体験できただけでなく，いつもと違う人と会話をすることは，子どもの人と関わる力の幅を広げていく。ある園では，近所に住む彫刻家が，月に1回保育に参加してくれ，遊び道具をつくってくれたり，子どもと一緒に木工を楽しむコーナーを設け，やってみたい子どもが手ほどきを受けながら試みる。何十年も継

続して関わっているので子どももよく知っていて，来園を楽しみに待つ姿がある。また，地域にある人材を生かそうと，途切れることなくハサミ一つを動かして，紙を様々な形に切り出すおじいさんを敬老の日に招待し，子どもの前で披露してもらうこともあった。おじいさんの，十八番だけでなく子どものリクエストにも難なくこたえるハサミさばきに，子どもたちは歓声とともに敬愛の念を抱いたことだろう。

このように，地域の人々に園に関わってもらえる人間関係を築いていることは，園が地域に開かれていく機会になり，子どもと人との関わりも広がり，多様な体験を子どもにもたらす。また，訪れた方々にも，地域の子どもとして育んでいこうという気持ちをもってもらえるかもしれない。

事例14-3　交通安全指導

> 園に参与観察に行く途中，交通安全指導を受けている5歳児に出くわして「○ちゃーん」と声をかけ手を振るが応えない。一同，おまわりさん（交通指導員）の指示のもと，道路の右端を歩き，「止まる」「右」「左」「右」と確認して手をあげて，向こう側へ渡ることを一人一人行う。言葉だけ言っていても，車の確認を怠っていると注意されやり直しをさせられる。そばに行って見ていたが，子どもたちはみんな真剣で私がそばにいても眼中にない。最後，横断歩道を渡って園の敷地にもどる際，私とよく遊ぶ子どもの体が園の敷地側で指導風景を見ていた私の体に一瞬触れて，「ふぅー」という小さなため息がもれ，体から力が抜けるのがわかった。それまでの緊張が伝わってきた。

この時の私の呼びかけに応えなかった子どもたちについて，保育者は「私たちはこの時間は真剣だもの」と言う。警察・おまわりさんは悪者を取り締まる仕事だということは子どももよく知っている。彼らが知っている仕事の中でも特殊な職業である。制服も他の職場のものと違って威厳を感じるものかもしれない。警察官の前では緊張する，そういうぴりっとした関係のありようも，子どもには，真剣かつ新鮮な体験をもたらす。

災害指導に来園した消防車に乗せてもらって，そのかっこよさにワクワクする。移動図書館が楽しいお話の続きを運んでくることもある。物の豊かな時代に育つ子どもたちではあっても，あれこれ迷うほど車いっぱいに

詰め込まれた絵本の中から，お気に入りの1冊を探すのは楽しく，心待ちにしている。このような地域の機関の方々の関わりは，毎日のことではないがゆえに，園生活にメリハリが生まれる。

> **事例14-4** 小児科医を志して
>
> 　中学3年生T君は卒園生で，将来は小児科医になりたいと考えている。中学校の家庭科の授業でこの園で保育体験をし，その後も，受験生ながら夏休みや春休みに時間を見つけては自主的に保育参加している。時には友人を誘い2人で来ることもあった。子どもたちは，「○○せんせい」と呼び，一緒に遊び，ドッジボールでは力強いボールを受け止めようと挑戦，収穫した夏野菜のカレーライス作りでは，自分の保育園時代を懐かしみつつ調理に参加した。

　抵抗力のない乳幼児は医者にかかることも多い。T君が小児科医なったら子ども心のわかる名医になるねと，保育者も快く受け入れていた。職業体験などで，保育者になることを視野に入れての保育参加もよくある。遊びや生活での直接的な関わりが，乳幼児にとって新鮮なだけでなく，若い世代が子どもや保育に関心をもって育つことは，子どもの心をくめる大人が増えていくことにつながり，子どもの人との関わりを豊かにする。

3．園，保育者と地域の人々の人間関係と子どもの育ち

> **事例14-5** 地域住民からの苦情
>
> 　園児数300名近い保育園でのこと。運動会の練習でマイクを使っていたところ，地域の方から，うるさいと苦情の電話がはいった。園長は冷静に「どのくらいうるさかったですか」とうるささの程度を尋ねた。「（うるさくて）うちのウサギがおびえている」との答えが返ってきた。

　以前は子どもが集まる場所が近くにあると，どこからとなくその声が聞こえていた。練習の是非はともかく，運動会の音楽やマイクの音も，ああまたこの季節になったかと思って過ぎていたのではないだろうか。人によ

っては近くの工事の音がうるさく感じても，それが先方の仕事であると理解し，やり過ごしてきたというのが，多くの方の実状であろう。だが，個人の快適さの追求が高じてか，現代は幼稚園や保育園などが近くにできると「騒音」だと嫌う人も出てきた。子どものいない地域，社会は滅びる。一部の人であることを願うばかりだが，子どもを排除する社会の芽を感じる。

　事例14-1で餅つきをしてくれた人に触れていた（実線）が，5歳児でも町内会という言葉はわからないが，野菜を持ってきてくれるおじさんが餅つきをしてくれた，近所に住んでいるおじさんたちが餅つきを教えてくれたと思っている。きっかけとなったO氏は，町内会活動と一線を画して，午後4時以降に一個人として野菜の苗を届けたり，畑仕事，園内の修繕などもしてくれていて，保育者は"師匠"と呼んで頼りにしている。有難く，信頼する気持ちは，保育者を通して子どもにも伝わっていく。

　地域の農家の方が，「もう最後の方のイチゴだから（出荷しないので）取ってもいいですよ」と畑ごと開放してくれることもある。旬の農作物の始末に園を思い出してくれるのは，単に子どもの数が多く近所にあげるよりはけるというだけでなく，地域の中の園と思ってくれるからだろう。ある幼稚園では，園舎の背後に広がる森に，腕に覚えのある人が手作り木製遊具を作ってくれたり，森に生息する植物に詳しい人がその特性を生かした使い方・遊び方（例．エゴマの葉は泡が出る）を教えてくれたり，キノコに詳しい人が天然のなめこを教えてくれ，保育の中で焼いて食べたりしていた。そういうボランティアの人をこの園では，「森の達人」と呼び，季節や時期によっていろいろな達人が保育に関わってこの園の保育がつくられていた。地域の人材をうまく生かし，よい人間関係を保つと，その人がもつ特技からも大きな刺激を受け，子どもの経験も広がる。一方，事例14-5のように，園・子どもたちはうるさくて嫌だと地域住民が思い，それに対して園・保育者が住民に疎まれていると感じて，その地域性や住民を快く思えないようになると，地域と園，双方の大人同士の関係が子どもに反映して，子どもが顔色を見るようになったり，大人の子どもへの関わり

が,「子どものため」というより「自分たち大人の人間関係のため」ということになりやすい。

　他にも,入園している子どもの状態によっては,療育・訓練機関の言語聴覚士や理学療法士,心理相談員と(保護者を介して)連携する,また地域の園を巡回する保育相談員や保健師と連携して子どもを見ていく必要があるので,地域の他の(機関の)専門職との人間関係も子どもの育ちを左右する。その人間関係のあり方が子どもの育ちにどのように関わっているのか,影響するのかを考え,保育者はそれらの人々との関係を築きながら保育に当たる必要がある。

 まとめの課題

1．あなたが保育者だったら,地域とどんなふうに関わるか考え,話し合おう。
2．地域との関わりという点から運動会を計画する場合,どんなこと(種目を含む)を考えるか。期待する子どもの育ちは何か。形にして,話し合おう。
3．敬老の日を機会に,地域の高齢者との関わりを計画し,話し合おう。
4．園と地域との関わりという点から,年間,他にどんなことができるだろう。

参考文献
・文部科学省：幼稚園教育要領解説,フレーベル館,2018
・厚生労働省編：保育所保育指針解説,フレーベル館,2018
・内閣府・文部科学省・厚生労働省：幼保連携型認定こども園教育・保育要領解説,フレーベル館,2018

第15章 指導案作成から保育へ

📖 予習課題

・保育の中で、鬼ごっこや絵を描く活動をする時の配慮点をあげてみよう。そこには、領域「人間関係」についての配慮点はどのように関連するだろうか。

1. 指導案の作成

　指導案について、小川博久は「指導計画を立てるという仕事は、保育者が一人一人の幼児の明日の活動をどう予測し、それにどう備えていけるかを、過去の幼児の行動を振り返ることで構想することである」[1]と述べている。つまり、単に「明日の保育は何をしよう」「子どもたちにこのような経験をしてほしい」と計画するだけではなく、今日の「子どもの姿」を捉えることで明日の活動を予想し、必要な経験を導きだし「ねらい」を設定し備えるのである。したがって、指導案作成でまず大切なことは、子どもの姿を捉えることとなる。

　次にある2歳児から5歳児までの指導案についても、まず「子どもの姿」を見てほしい。そのうえで保育者が領域「人間関係」に関して何をねらい、どのように配慮しようとしているのかを実際の保育の様子とともに確認していこう。

2　指導案の実際

　指導案の〈子どもの姿〉の下線と，「保育者の援助と配慮点」の番号の箇所に着目してみよう。これらが，実際の保育にどのようにつながったのかを述べることとする。

(1) 指導案①　2歳児〜遊び場面

〈時期〉2歳児　10月	〈対象クラス〉在籍18名（男児10名・女児8名）		
〈活動名〉遊び			
〈子どもの姿〉・病院ごっこや段ボール箱で作った簡単な自動販売機で遊ぶなど，経験したことを再現して楽しむ。保育者を中心に友達と一緒に遊ぶ楽しさを感じることもある。・ブロックで作った車や電車の遊具，園庭の三輪車では，ガソリンスタンドや駐車場，駅などを保育者と一緒に作ることで，30〜40分程遊びが続くようになっている。・簡単な言葉のやり取りをする姿もある一方，言葉で伝えられず怒ったり手が出たりすることもある。	〈ねらい〉・保育者や友達と好きな遊びを楽しむ		
	〈内容〉・自分の好きな遊びをする・保育者や友達と関わる・簡単な言葉のやり取りをする		
時間	環境構成	予想される子どもの活動	保育者の援助と配慮点
8:30	ままごと／ござ／パズル／机／棚／ブロック／保育室・コーナーは，ついたてや棚で区切る	○順次，登園・持ち物の始末をする○保育室で遊ぶ・病院ごっこ・自動販売機ごっこ・ままごと・ブロック　など	・好きな遊びにゆっくり取り組み，少人数で遊ぶ中で保育士や友達と関わりがもてるようにコーナーを設定する。（①）・保育者は各コーナーにつき，安心して遊びに取り組めるようにする。常に全体の様子を配慮しながら連携する。（②）・子ども同士のやり取りを見守ったり，必要な言葉を補ったりしながら，友達と一緒の場にいる心地よさや遊ぶ楽しさが感じられるようにする。（③）・いざこざになりそうな様子に気を付ける。いざこざになった際は双方の気持ちを受け止めながら，遊びのイメージに沿って順番を待つ，遊具を交代するなどする。（④）

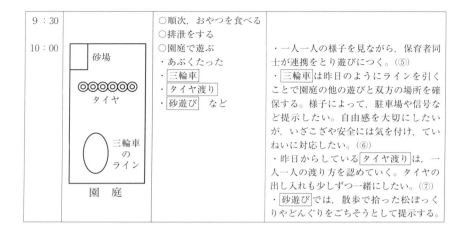

では，この日の実際の保育の様子を見ていこう。

①②⑤　保育者が各コーナーにつくこと

　2歳児の保育室はついたてなどを用いてコーナーを設定していることが多い。この日も，前日の遊びの様子を踏まえて指導案にあるようなコーナーを設定した。子どもたちは登園の順に遊び始めていたが，保育者の動きを見て遊びを選ぶ様子もあった。保育者とのつながりを支えとしながら遊び始める2歳児ならではの動きと言えよう。このこともあり，②のように各コーナーにいる保育者は，頻繁にその場を動くことはしないようにすることも必要な配慮だろう。大好きな保育者がいることで場の安定感が生じるからである。この心地よい限られた空間の中で，遊びを楽しむと同時に，自然に保育者や友達との関わりが生じる。

③　友達との関わり

　2歳児同士のやり取りはいかにも素朴である。この日，ままごとコーナーで保育者と3人の子どもが「乾杯！」とコップを合わせていた。友達と一緒に遊ぶ楽しさを感じられる援助と言えよう。この時，コーナーには乾杯をしなかった2人の子どもがいた。すると，どちらともなくコップを持ち2人で乾杯をしていた。この様子に気が付いた保育者は，「2人で乾杯，うれしいね」と言葉をかけていた。この援助によって，素朴なやり取りが

子どもの内に印象付けられるに違いない。

　さらに，自動販売機ごっこ（紙で作った小さなカードを，段ボールで簡単に作った「自動販売機」の中に入れると「ジュース」が出てくる，という遊び）では保育者と4人の子どもが遊んでいた。そこへ一人の女児が「入れて」と言いながらその輪の中に入ってきた。4人の子どもは聞こえているのかいないのか反応がない。女児もすぐに「自動販売機」のカードを手にして遊び始めようとしている。保育者が黙っていても遊びが進みそうな場面と言えよう。しかし，保育者は「あっ，入れてくれたんだ。ありがとう」と言う。子どもたちは遊びに夢中なのか，やはり反応がない。そもそも，拒否しなかっただけで積極的に入れたわけではない。気が付いていない可能性さえある。それでも，保育者がそこに起こった状況の意味を言葉に置きかえることが大切だと考える。

　〈子どもの姿〉には「保育者を中心に友達と一緒に遊ぶ楽しさを感じることもある」とある。それを踏まえた③の配慮が，このように具体的な実践につながる。これが，2歳児の素朴な表れや，まだ表れていないかすかなつながりさえ育んでいくのである。

　④⑥　いざこざ
　自動販売機ごっこでは子どもたちが自分のカードを入れようと「自動販売機」に我先にと群がる。けがにもつながりかねない。すると，保育者は「すみません。買った方はこちらでゆっくりお飲みいただけますか」とスペースを示す。よく見ると，「ジュース」を飲んでいる子どもも「自動販売機」の前に座り込んでいたのだ。しかし，まだ混んでいる。すると，「お待ちの方，こちらでお座りください」と椅子を並べながら言う。子どもたちは，何事もなかったかのように夢中で「ジュース」を買ったり飲んだりし続けていた。

　園庭の三輪車の遊びでは，保育者が予想していた通り，三輪車同士がライン上で追突したり，正面衝突しそうになったりする。すると，保育者は「渋滞ですね。しばらくお待ちください」「ここに駐車場がありますよ。バックオーライ上手な方はどうぞ」などと言っていた。砂場では，三輪車に

乗った男児が，女児がごちそうにしていた松ぼっくりを持っていこうとする。女児が「いや！」と大きい声を出す。すると，保育者が「ここ，ドライブスルーなので。受け取ったら，ここで食べていってください」と言う。三輪車の男児はその場で食べる振りをし，松ぼっくりを女児に「はい」と返し，保育者は「ありがとうございました。またのお越しをお待ちしています」と楽しそうに声をかけていた。

　これらは，いざこざになりそうな場面である。しかし，保育者は双方の思いを互いの遊びのイメージの中に位置付けることによって，楽しさに変換していると考えられる。これらの小さな積み重ねが，単にいざこざを回避したということではなく，子どもたちが互いの思いに気付き，大事にすることにつながるに違いない。

(2) 指導案②　3歳児～遊び場面

〈時期〉3年保育3歳児　10月	〈対象クラス〉在籍20名（男児10名・女児10名）	
〈活動名〉遊び		
〈子どもの姿〉 ・ほとんどの子どもが昨日の続きの遊びをしたり，自ら環境に関わったりしながら遊び始める。 ・<u>A子，B男は保育者といたり一人で友達の遊びを見ていたりして遊び出せないことがある。</u> ・<u>C子，D子はほとんど2人でいるが，夢中になって遊ぶことは少ない。</u> ・物や場所，役，順番などいざこざになると手が出たり泣いたりと自分たちでは解決は難しい。		〈ねらい〉 ・友達と一緒に遊んだり，自分なりに表現したりすることを楽しむ 〈内容〉 ・自分の思いやイメージしたことを言葉や動きで表す ・遊びに必要なものを自分なりに作る ・友達と言葉や動きのやり取りをする
時間	環境構成	予想される子どもの活動	保育者の援助と配慮点
9：00 9：05	製作コーナー／ブロック／積み木／ござ／ままごと遊具／保育室	○登園 ○好きな遊びをする ・製作コーナー 　栗の折り紙　など） ・ままごと ・バスごっこ ・電車ごっこ ・ブロック　など	・一人一人が感じている楽しさにていねいに共感する。（①） ・いざこざの場合は，ていねいに話を聞き，互いの気持ちに気付く機会とする。周りの子どもたちも巻き込みながら，すぐに采配しないようにする。（②） ・いざこざの直前にあった楽しさが損なわれないようにしたい。（③） ・A子とB男の興味を探りながら遊びのきっかけとする。友達と関わることにこ

2 指導案の実際　*147*

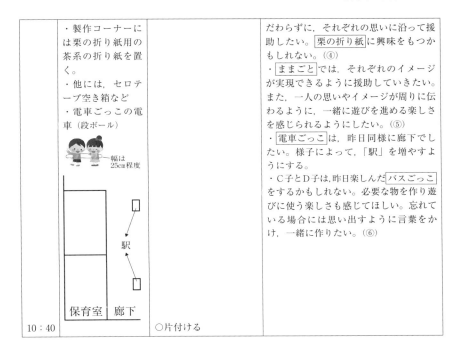

	・製作コーナーには栗の折り紙用の茶系の折り紙を置く。 ・他には，セロテープ空き箱など ・電車ごっこの電車（段ボール） 幅は25cm程度 保育室　廊下　駅		だわらずに，それぞれの思いに沿って援助したい。栗の折り紙に興味をもつかもしれない。④ ・ままごとでは，それぞれのイメージが実現できるように援助していきたい。また，一人の思いやイメージが周りに伝わるように，一緒に遊びを進める楽しさを感じられるようにしたい。⑤ ・電車ごっこは，昨日同様に廊下でしたい。様子によって，「駅」を増やすようにする。 ・C子とD子は，昨日楽しんだバスごっこをするかもしれない。必要な物を作り遊びに使う楽しさも感じてほしい。忘れている場合には思い出すように言葉をかけ，一緒に作りたい。⑥
10：40		○片付ける	

では，この日の実際の保育の様子を見ていこう。

①　楽しさへの共感

保育者は，製作コーナーで空き箱を貼り合わせている男児に「セロテープ，上手になったね」と声をかける。また，飾ってあった栗のいがに触っては歓声をあげていた女児に「先生も触ろう…痛い！」と一緒に笑い合っていた。子どもたちは「自分を見ていてくれる」「楽しい気持ちをわかってくれる」と感じ，安心して自分のしたいことを始められることにつながる。他の子どもがその様子に気が付き，その遊びを一緒に始めることで子ども同士がつながるきっかけにもなるだろう。

②③　いざこざ

この日，電車ごっこでいざこざが起きた。段ボールで作った「電車」に，2人の「運転手」が乗り込み反対方向に動かそうとしたのだ。男児たちは互いに主張し，保育者が「あらあら」と間に入り，「なるほど」「そう

だったんだ」と話を聞く。側にいた女児も「代わりばんこは？」と提案するが，男児たちは「やだ」と言い合う。保育者は「困ったね」と言うが，子どもたちからは他に解決策がでない。そこで「じゃあ，駅で待っていたら『お客様，しばらくお待ちくださいませ。運転手が交代の時間です』って言うかも。やってみる？」と楽しそうに言うと，何とか場が収まる。その後，しばらく保育者も一緒に遊びを続けていた。

　保育者がいざこざの仲介を杓子定規にすると，そこにあったはずの楽しさがなくなり遊びが再開できないことがある。そうではなく，いざこざが自分の思いを表しつつ，相手の思いにも気が付き，さらに楽しくなるきっかけとなるのである。

　④　遊びが見つからない場合

　保育者は，〈子どもの姿〉にあるＡ子とＢ男の様子に配慮をしていた。この日，Ｂ男はブロックを始めていたが，Ａ子は保育室内をうろうろしていた。保育者は製作コーナーで栗の折り紙を折り始める。その様子に気が付いたＡ子は少しの間見ていたが，一緒に折り始める。保育者はＡ子と話しながら，壁面に貼ってあった「木」に栗の折り紙を貼り始める。そのうち，何人かの子どもが一緒に始めたがＡ子も楽しそうに続けていた。④で配慮したことが，この日はＡ子の気持ちとしっくり合ったと言える。Ａ子の気持ちを計りながら，無理のないように遊びを始めることで，結果として友達と関わる機会ともなっていく。

　⑤　ごっこ遊びにおけるイメージ

　Ｄ子は数人とままごとをしていたが，しばらくすると赤い布をマントのように身に着ける。そして，ままごとの「りんご」を持って保育室内を歩き始める。保育者が「どちらにお出かけ？」と言うと「白雪姫なの」と言う。すると，いきなり「りんご」をかじる振りをしてバタッと倒れて動かない。保育者が「大丈夫ですか？」と言うと，黙って起き上がり少し歩くとまた倒れる。今度は誰も何も言わなかったので，起きて廊下に出る。つまり，Ｄ子の白雪姫のイメージは周りの子どもたちに伝わっていないのである。廊下ではヒーローごっこをしている数人の男児がいた。廊下で倒れ

るD子を見て驚いたので、保育者が「りんごを食べると倒れちゃうみたいなの」と言うと、「僕が助ける！」と体を揺する。D子は黙って起き上がり、また歩き出す。「助けてもらってよかったね」という保育者の言葉には反応なく、その後も倒れる。保育者が男児に「お願いします」と言うと、男児は敬礼をして「任せとけ！」と助けに行くことを繰り返していた。保育者がそれぞれのイメージをつなげたことで、結果的に一緒に遊ぶことが少ないD子と男児たちが遊びを進める楽しさを感じることができたと言えよう。

⑥ 友達と一緒にいることが楽しい場合

〈子どもの姿〉のように、C子とD子は最近ほとんど2人でいる。この日の2人は、飾ってある栗のいがを触っては歓声をあげて大喜びをしていた。その後は、追いかけ合ったり、製作コーナーで栗の折り紙をしたりする。保育者は昨日の「バスごっこ」の話をするが、2人は気持ちが向かない様子だった。保育者の予想とは違う姿だったが、2人にとっては一緒にいること自体が楽しそうな様子の一日だった。

(3) 指導案③　4歳児〜一斉活動

〈時期〉3年保育4歳児　2月	〈対象クラス〉在籍25名（男児15名・女児10名）	
〈活動名〉友達探しゲーム			
〈子どもの姿〉 ・保育者の話を聞き、一斉活動に喜んで取り組む幼児が多い。 ・気の合う友達と遊んだり一緒にいたりすることを喜ぶ。一方、その友達といたい気持ちが強くなり、<u>友達関係に広がりが見られなかったり、友達を拒んだりすることもある。</u>		〈ねらい〉 ・新しいゲームのルールを知り、喜んで参加する ・進んで友達を探し、チームになることを喜ぶ 〈内容〉 ・保育者の話や指示を聞き、友達探しゲームをする ・周りの動きを見て、友達を探す	
時間	環境構成	予想される子どもの活動	保育者の援助配慮点
10：30	 ルール ①ピアノに合わせ	○ホールに集まる ・話を聞く	・楽しいゲームをすることを話し、期待を感じられるようにする。まずは、ピアノに合わせて歩いたりスキップをしたりするように話す。

時間	予想される子どもの活動		保育者の援助と配慮
10：35	歩く，スキップなどする ②指示の人数を聞いて近くの友達と組む ③組んだ友達と握手など簡単な動きをする ④①から繰り返す （ただし，前とは違う友達を探すようにする）	○「友達探しゲーム」をする ・ピアノに合わせて歩く，スキップなどする ・指示を聞いて友達と組む ・組んだら，その場に座る ・指示を聞いて，組んだ友達と握手や簡単な動きをする ・ピアノに合わせて歩く，スキップなどする ・話を聞いて友達と組む	・全員が楽しく動くことができるようにする。走ったり，反対向きに動いたりなど危険のないようにする。 ・「近くの人と２人組！」と，楽しい雰囲気の中，「近くの人」を強調する。（①） ・組めない子どもの援助をし，「友達がいてよかったね」などと喜ぶ。（②） ・組んだ子ども同士で，握手・肩を組む・交代しながら肩もみをするなどの簡単なスキンシップを伴う動きの指示をする。
10：50	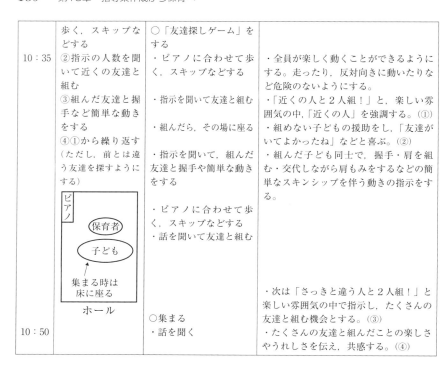	○集まる ・話を聞く	・次は「さっきと違う人と２人組！」と楽しい雰囲気の中で指示し，たくさんの友達と組む機会とする。（③） ・たくさんの友達と組んだことの楽しさやうれしさを伝え，共感する。（④）

では，この日の実際の保育の様子を見ていこう。

①③　ルールのポイント

保育者が「近くの人」「さっきと違う人」と指示すると，子どもたちは驚き，歓声をあげる。始めは仲のよい友達を探していたが，次第に近くの友達を探し始める。＜子どもの姿＞として「友達関係に広がりが見られなかったり，違う友達を拒んだりする」とあるからこその一斉活動の配慮点と言えよう。楽しさと必然性の中で，誰とでも組み，たくさんの友達と関わる機会となっている。

②④　保育者が状況の意味を言葉で表すこと

保育者が②④のように言葉をかけると，うれしそうな表情や抱き合う姿さえ見られる。ルールという必然性の中のことだからこそ，この配慮が大切になると言えよう。

(4) 指導案④　5歳児～生活場面

　保育においては一斉活動や遊びが着目されるが，実は，生活が基本である。登園後の身の回りの支度から始まり，排泄，手洗い，うがい，片付け，食事，おやつ，午睡，そして帰りの支度と連なるのである。当然，生活の部分にも指導案が必要となる。

〈時期〉2年保育5歳児　4月	〈対象クラス〉在籍25名（男児15名・女児10名）	
〈活動名〉片付け・集まり		
〈子どもの姿〉 ・進級時にクラス替えをしている。<u>新しいクラスや年長児の生活に慣れ始めてきている。</u> ・一日の見通しをもって動く子どもが多くなった一方，自分の思いを優先しがちな子どももいる。気持ちを切り替え，<u>進んで片付けられない子どももいる。</u>	〈ねらい〉 ・生活の流れを感じながら，進んで片付けたり，集まったりする 〈内容〉 ・周りの動きを見ながら，片付けたり集まったりする	
時間	環境構成	予想される子どもの活動	保育者の援助と配慮点
10：40	保育室 （積み木／ピアノ／ままごと遊具／ロッカー／製作コーナー／ロッカー）	○片付ける ・自分の遊んだ場所を片付ける ・友達の遊んだ場所を手伝う子どももいる	・遊びの様子を見ながら，片付けの時間まであと何分かを知らせる。また，時間がかかりそうなところは，早めに片付け始めるように促す。① ・伝える際には，片付け後の活動についても話し，期待をもてるようにする。② ・子ども同士で伝えるよう促す。③ ・様子によっては一緒に片付けたり，必要な指示をしたりする。 ・子ども同士で伝えたり，進んで片付けたりする様子を言葉にして伝えていく。その際，「教えてもらってよかったね」「どんどん片付けると早くきれいになりそう」などのように是非ではなく意味を伝えたり，互いの動きに気が付くようにしたりする。④ ・片付けが終わった子どもに「手が空いていたら手伝ってあげられそう？」と聞く。その際は，「○○君が手伝ってくれて助かるね」などと言う。⑤ ・最後まで片付けている子ども，細かいごみを片付けようとしている子どもなど見逃さないようにして，きれいになって気持ちがよいことを伝える。

10:55 11:00	・トイレなどを済ませた子どもから椅子を出して座る。	○トイレ，手洗い・うがいをする ○集まる	・まだ来ていない友達がいるかどうかをみんなと確認する。(⑥) ・全員が集まったことに「よかった」と安心する言葉などを言う。最後に来た子どもには「みんなが待っていてくれてよかったね」と状況を感じられるように話す。(⑦)

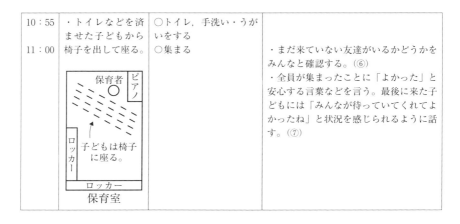

では，この日の実際の保育の様子を見ていこう。

①② 生活の見通し

年長組になると手作りの時計や表示などを用いて一日の大まかな時間の流れを示すことができる。見通しをもって生活することは，領域「人間関係」のねらいの1点目「生活を楽しみ，自分の力で行動することの充実感を味わう」につながる。＜子どもの姿＞にあるように，保育者は，子どもたちにとって進んで片付けをすることは生活を楽しむために大切にしたいと考えていた。この日は，特に気持ちを切り替えられない子どもはいなかった。

③ 子ども同士の伝え合い

保育者は，そばにいた子どもや時間に気が付いた子どもに「みんなに教えてあげて。よろしくね」と促していた。言われた子どもは，張り切って大きい声を出す様子があった。必然性の生じる場所を逃さずに子ども同士がつながる機会となるし，伝える子どもの活躍の場ともなると考えられる。

④⑤ 保育者が状況の意味を言葉で表すこと

この日は，2人の女児が張り切って細かいごみなどを一つ一つ拾っていた。保育者はその動きを「何て小さなごみまで見えるのかしら」「お部屋がきれいになるわ」と声をかけていた。子どもにとって「先生が見ていてくれる」「わかってくれる」という保育者への信頼感につながるに違いな

い。当然，他の子どもたちと互いの動きやよさを知るきっかけにもなるだろう。その際，「えらいね」「上手」などと是非ではなく，具体的な意味を伝えることが大切である。先生にほめられるからするのではなく，その意味を知ることが重要であろう。

片付けは自分たちで遊んだところは自分たちでするのが基本だが，この保育者は⑤にあるように声をかけていた。すると，子どもたちは，「はぁい！」と気持ちよく，中には得意気に手伝い始める子どももいた。状況によって柔軟に対応でき，「お互いさま」と感じ合える人間関係の基礎につながるに違いない。

⑥⑦ 学級の一員としての意識

保育者は，時間を気にしながらも一人一人の動きに配慮し，それを必ず言葉に表して学級全体に伝えていた。＜子どもの姿＞にあるように，クラス替えをした進級当初ということもあり，子どもたちが学級のことに自然に関心がもてるようにしていた。

この日，最後に集まってきた2人の男児に，保育者は「よかった。どうしたのかな，って心配してたの。皆で待っていたよ」といかにも心配そうに声をかけていた。正直に言えば，他の子どもたちが「心配して待っていた」かどうかは定かではない。しかし，保育者に言われて静かな雰囲気になっていたし，中には神妙な顔をする子どももいた。保育者の言葉が子どもの心に一瞬だとしても響いたと言えよう。

保育者は，2人の男児にも「お友達が待っていてくれてよかったね」と穏やかに話していた。男児たちがどこまで「よかった」「うれしい」と感じたかは図り知れないが，少なくともふざけてはいなかった。早く集まることを注意したい場面ではあるが，一回で指導するのではなくていねいに積み重ねようとする保育者の姿勢を感じる。

> ここまで4点の指導案と実際の保育の様子について述べてきた。保育者は，今日の子どもの姿を捉えて明日の予想をし，必要な経験や配慮を導き出して指導案を作成する。しかし，当日の子どもの姿は具体的には予想しきれないし，全く予想外のことも生じる。では，なぜ指導案を作成するのだろうか。

それは，指導案を作成する過程が保育を構想する過程そのものであるということに加え，ここまで見てきたように構想したことが具体的に保育につながるからであり，予想外のことが生じた際には指導案を手がかりとして対応や省察することができるからである。何れにしても，指導案を作成することで，さらなるよりよい保育の構想が可能となると言えよう。

3．指導案から保育へ

　計画した指導案は，その通りに進めることが最も大切なのだろうか。「幼稚園教育要領」には，「調和のとれた組織的，発展的な指導計画を作成し，幼児の活動に沿った柔軟な指導を行わなければならない」としている。また，「保育所保育指針解説」には，「指導計画の展開」[2]の解説部分に，その時々の子どもの姿に即していく必要があることが明記されている。さらに，解説は以下のように続く。

指導計画を作成した際の保育士等の予想した姿とは異なる姿が見られることもしばしばあるが，そうした時に，必ずしも計画通りの展開に戻すことを優先するのではなく，子どもの気付きや感動を尊重し，新たな素材を加えたり，子どもの発想を刺激するような一言を添えたりするなどして，子どもが自らイメージを膨らませて活動を方向付け，豊かな体験を得られるよう援助することが重要である。

　たとえば，指導案①（p.143）の2歳児の遊びの指導案に「タイヤ渡り」がある。配慮点⑦に「昨日からしているタイヤ渡りは，一人一人の渡り方を認めていく。タイヤの出し入れも少しずつ一緒にしたい」とあるが，実は，前日に始まったこの遊びは，保育者の予想外のことだった。タイヤは砂場にかけられたビニールシートが飛ばないように置いていたもので，前日に砂遊びと三輪車の遊びを分けるために園庭に並べようとしたのだ。その時，一人の女児が一緒に運び始めた。一緒に8個のタイヤを並べ終わると，その女児がタイヤを渡ろうとする。保育者は困惑するが，その様子に気が付いた子どもが次々に来たこともあり止められなくなってしまう。次第に子どもの楽しそうな様子や真剣な様子に気が付き，「あぶくたった」

を展開する予定でいたがそのまま続けることにした。これが，指導案①の保育につながっているのである。

つまり，指導案を作成する際は，長期の指導計画や週案を踏まえて計画するが，実際に保育を進める際には子どもの姿を捉えて，柔軟に計画を修正しながら進めるのである。小川の言うように，「「案」とは構想したものであって，確定したものではない，ということ」[3]と言えよう。

4．保育後の評価の考え方

「幼稚園教育要領」には，「評価を生かした指導計画の改善」として次のようにある。

> 幼児の実態及び幼児を取り巻く状況の変化などに即して指導の過程についての評価を適切に行い，常に指導計画の改善を図るものとする。

さらにこの解説部分には，評価は<u>幼児の発達の理解</u>と<u>教師の指導の改善</u>という両面から行うことが大切としている。また，評価を自分一人だけで行うだけではなく，他の教師と共に多角的に評価，研究し，教師一人一人の幼児に対する理解や指導について考え方を深めることの大切さにも触れている[4]。

同様のことは「保育所保育指針」にも「指導計画の展開」として次のようにある。

> 保育士等は，子どもの実態や子どもを取り巻く状況の変化などに即して保育の過程を記録するとともに，これらを踏まえ，指導計画に基づく保育の内容の見直しを行い，改善を図ること。

そして，この解説部分には，やはり「<u>子どもに焦点を当てて，生活や遊びの時の様子を思い返してみる視点</u>」と「<u>一日の保育やある期間の保育について，保育士等が自分の設定したねらいや内容・環境の構成・関わりなどが適切であったかといったことを見直してみる視点</u>」について述べてい

る[5]。

　保育中の保育者は，指導案として計画した通りであっても，子どもの姿から計画を修正したとしても，いずれにしても瞬時の判断で保育を進めている。これらを振り返り，意識化していくことが翌日からの保育につながることであり，その際の視点として2点，すなわち，<u>子どもに関すること</u>と<u>保育者に関すること</u>があげられているのである。

　例えば，指導案②（p.146）におけるC子とD子について考えてみよう。保育者は，2人が遊びに集中できない様子を次の課題と捉え，必要な経験としてバスごっこをする中で，「必要な物を作って遊ぶ楽しさを感じてほしい」と計画した。しかし，この日の2人はいくつかの遊びをしながら2人でいること自体を楽しんでいた。このことを，どのように評価できるだろうか。<u>子どもに関すること</u>では，2人は一緒にいることで安心し，それ自体が楽しい状態だと理解できる。<u>保育者に関すること</u>では，配慮の方向が2人の状態や気持ちとズレがあったと言える。保育者は一日を振り返るなかで，2人は手応えのある遊びではなく素朴な遊びを繰り返すことでさらに関係が深まり楽しさにつながるのではないかと理解し，配慮を修正する。

　さらに，指導案①（p.143）の「タイヤ渡り」の片付けについても考えたい。この日，保育者が片付けを始めると一人の子どもが一緒にタイヤを転がし始めた。保育者は配慮点⑦の通りにていねいに応じる。しかし，最後に5人の子どもが1つのタイヤを持ち上げて運ぼうとした。その時，一人の子どもがよろけ，タイヤを持つ位置でいざこざも起きそうになったことで，保育者がサッと運んで片付け終えた。このことはどのように評価できるだろうか。<u>子どもに関すること</u>では，子どもたちはとても意欲的に片付けをしていた。保育者と一緒にタイヤを転がすという魅力的なことではあったが，一人一人が「片付けたい」という気持ちをもっていたと言える。最後は，「5人で協力して片付けよう」と思っていたわけではないが，友達と一緒の動きがとても楽しかったと理解できる。<u>保育者に関すること</u>では，5人の子どもの安全，学級全体の状況や片付けの時間を優先しての行

為だったと言える。このこと自体は当然起こり得ることである。しかし，子どもたちの動きを「重たいけれど皆で持てた体験」につながる絶好の機会だったとも言えよう。「幼児期の終わりまでに育ってほしい姿」として「協同性」がある。2歳児であっても，このような偶然の瞬間的な体験が積み重なることは，意図的に協同しようとすることにきっとつながるのではないか。

　このように，保育者はこの評価から翌日の保育を改善していくのである。保育の質の向上が厳しく問われる現在，評価をし改善をすることは保育者として日々繰り返していかなければならないことと言えよう。

 まとめの課題

1．指導案①〜④の中で印象的な場面を一つ取り出してみよう。あなたが担任だったら，他にどのような配慮点や実践が考えられるだろうか。具体的にあげてみよう。
2．指導案③のように，楽しさや簡単なルールの中でスキンシップができたり，チームができて互いに応援ができたりするようなゲームは，他にどのようなものがあるだろうか。また，その際の配慮点も考えてみよう。

引用文献

1）小川博久：保育援助論，萌文書林，2000，p.77
2）厚生労働省：保育所保育指針解説，2018，pp.59-60
3）小川博久：保育援助論，萌文書林，2000，p.77
4）文部科学省：幼稚園教育要領解説，2018，p.97
5）厚生労働省：保育所保育指針解説，2018，p.61

学校教育法（抄）（平成30年6月1日法律第39号改正，平成31年4月1日施行）

昭和22年3月31日法律第26号

第二十二条　幼稚園は，義務教育及びその後の教育の基礎を培うものとして，幼児を保育し，幼児の健やかな成長のために適当な環境を与えて，その心身の発達を助長することを目的とする。

第二十三条　幼稚園における教育は，前条に規定する目的を実現するため，次に掲げる目標を達成するよう行われるものとする。

　一　健康，安全で幸福な生活のために必要な基本的な習慣を養い，身体諸機能の調和的発達を図ること。
　二　集団生活を通じて，喜んでこれに参加する態度を養うとともに家族や身近な人への信頼感を深め，自主，自律及び協同の精神並びに規範意識の芽生えを養うこと。
　三　身近な社会生活，生命及び自然に対する興味を養い，それらに対する正しい理解と態度及び思考力の芽生えを養うこと。
　四　日常の会話や，絵本，童話等に親しむことを通じて，言葉の使い方を正しく導くとともに，相手の話を理解しようとする態度を養うこと。
　五　音楽，身体による表現，造形等に親しむことを通じて，豊かな感性と表現力の芽生えを養うこと。

幼稚園教育要領（抄）（平成29年3月31日改正，平成30年4月1日施行）

平成29年文部科学省告示第62号

第1章　総　則

第1　幼稚園教育の基本

幼児期の教育は，生涯にわたる人格形成の基礎を培う重要なものであり，幼稚園教育は，学校教育法に規定する目的及び目標を達成するため，幼児期の特性を踏まえ，環境を通して行うものであることを基本とする。

このため教師は，幼児との信頼関係を十分に築き，幼児が身近な環境に主体的に関わり，環境との関わり方や意味に気付き，これらを取り込もうとして，試行錯誤したり，考えたりするようになる幼児期の教育における見方・考え方を生かし，幼児と共によりよい教育環境を創造するように努めるものとする。これらを踏まえ，次に示す事項を重視して教育を行わなければならない。

1　幼児は安定した情緒の下で自己を十分に発揮することにより発達に必要な体験を得ていくものであることを考慮して，幼児の主体的な活動を促し，幼児期にふさわしい生活が展開されるようにすること。
2　幼児の自発的な活動としての遊びは，心身の調和のとれた発達の基礎を培う重要な学習であることを考慮して，遊びを通しての指導を中心として第2章に示すねらいが総合的に達成されるようにすること。
3　幼児の発達は，心身の諸側面が相互に関連し合い，多様な経過をたどって成し遂げられていくものであること，また，幼児の生活経験がそれぞれ異なることなどを考慮して，幼児一人一人の特性に応じ，発達の課題に即した指導を行うようにすること。

その際，教師は，幼児の主体的な活動が確保されるよう幼児一人一人の行動の理解と予想に基づき，計画的に環境を構成しなければならない。この場合において，教師は，幼児と人やものとの関わりが重要であることを踏まえ，教材を工夫し，物的・空間的環境を構成しなければならない。また，幼児一人一人の活動の場面に応じて，様々な役割を果たし，その活動を豊かにしなければならない。

第2　幼稚園教育において育みたい資質・能力及び「幼児期の終わりまでに育ってほしい姿」

1　幼稚園においては，生きる力の基礎を育むため，この章の第1に示す幼稚園教育の基本を踏ま

え，次に掲げる資質・能力を一体的に育むよう努めるものとする。
(1) 豊かな体験を通じて，感じたり，気付いたり，分かったり，できるようになったりする「知識及び技能の基礎」
(2) 気付いたことや，できるようになったことなどを使い，考えたり，試したり，工夫したり，表現したりする「思考力，判断力，表現力等の基礎」
(3) 心情，意欲，態度が育つ中で，よりよい生活を営もうとする「学びに向かう力，人間性等」
2　1に示す資質・能力は，第2章に示すねらい及び内容に基づく活動全体によって育むものである。
3　次に示す「幼児期の終わりまでに育ってほしい姿」は，第2章に示すねらい及び内容に基づく活動全体を通して資質・能力が育まれている幼児の幼稚園修了時の具体的な姿であり，教師が指導を行う際に考慮するものである。
(1) 健康な心と体
　　幼稚園生活の中で，充実感をもって自分のやりたいことに向かって心と体を十分に働かせ，見通しをもって行動し，自ら健康で安全な生活をつくり出すようになる。
(2) 自立心
　　身近な環境に主体的に関わり様々な活動を楽しむ中で，しなければならないことを自覚し，自分の力で行うために考えたり，工夫したりしながら，諦めずにやり遂げることで達成感を味わい，自信をもって行動するようになる。
(3) 協同性
　　友達と関わる中で，互いの思いや考えなどを共有し，共通の目的の実現に向けて，考えたり，工夫したり，協力したりし，充実感をもってやり遂げるようになる。
(4) 道徳性・規範意識の芽生え
　　友達と様々な体験を重ねる中で，してよいことや悪いことが分かり，自分の行動を振り返ったり，友達の気持ちに共感したりし，相手の立場に立って行動するようになる。また，きまりを守る必要性が分かり，自分の気持ちを調整し，友達と折り合いを付けながら，きまりをつくったり，守ったりするようになる。
(5) 社会生活との関わり
　　家族を大切にしようとする気持ちをもつとともに，地域の身近な人と触れ合う中で，人との様々な関わり方に気付き，相手の気持ちを考えて関わり，自分が役に立つ喜びを感じ，地域に親しみをもつようになる。また，幼稚園内外の様々な環境に関わる中で，遊びや生活に必要な情報を取り入れ，情報に基づき判断したり，情報を伝え合ったり，活用したりするなど，情報を役立てながら活動するようになるとともに，公共の施設を大切に利用するなどして，社会とのつながりなどを意識するようになる。
(6) 思考力の芽生え
　　身近な事象に積極的に関わる中で，物の性質や仕組みなどを感じ取ったり，気付いたりし，考えたり，予想したり，工夫したりするなど，多様な関わりを楽しむようになる。また，友達の様々な考えに触れる中で，自分と異なる考えがあることに気付き，自ら判断したり，考え直したりするなど，新しい考えを生み出す喜びを味わいながら，自分の考えをよりよいものにするようになる。
(7) 自然との関わり・生命尊重
　　自然に触れて感動する体験を通して，自然の変化などを感じ取り，好奇心や探究心をもって考え言葉などで表現しながら，身近な事象への関心が高まるとともに，自然への愛情や畏敬の念をもつようになる。また，身近な動植物に心を動かされる中で，生命の不思議さや尊さに気付き，身近な動植物への接し方を考え，命あるものとしていたわり，大切にする気持ちをもって関わるようになる。
(8) 数量や図形，標識や文字などへの関心・感覚
　　遊びや生活の中で，数量や図形，標識や文字などに親しむ体験を重ねたり，標識や文字の役割に気付いたりし，自らの必要感に基づきこれらを活用し，興味や関心，感覚をもつようになる。

(9)　言葉による伝え合い
　　　　先生や友達と心を通わせる中で，絵本や物語などに親しみながら，豊かな言葉や表現を身に付け，経験したことや考えたことなどを言葉で伝えたり，相手の話を注意して聞いたりし，言葉による伝え合いを楽しむようになる。
　(10)　豊かな感性と表現
　　　　心を動かす出来事などに触れ感性を働かせる中で，様々な素材の特徴や表現の仕方などに気付き，感じたことや考えたことを自分で表現したり，友達同士で表現する過程を楽しんだりし，表現する喜びを味わい，意欲をもつようになる。

第３　教育課程の役割と編成等（略）

第４　指導計画の作成と幼児理解に基づいた評価
　１　指導計画の考え方
　　　幼稚園教育は，幼児が自ら意欲をもって環境と関わることによりつくり出される具体的な活動を通して，その目標の達成を図るものである。幼稚園においてはこのことを踏まえ，幼児期にふさわしい生活が展開され，適切な指導が行われるよう，それぞれの幼稚園の教育課程に基づき，調和のとれた組織的，発展的な指導計画を作成し，幼児の活動に沿った柔軟な指導を行わなければならない。
　２　指導計画の作成上の基本的事項
　(1)　指導計画は，幼児の発達に即して一人一人の幼児が幼児期にふさわしい生活を展開し，必要な体験を得られるようにするために，具体的に作成するものとする。
　(2)　指導計画の作成に当たっては，次に示すところにより，具体的なねらい及び内容を明確に設定し，適切な環境を構成することなどにより活動が選択・展開されるようにするものとする。
　　ア　具体的なねらい及び内容は，幼稚園生活における幼児の発達の過程を見通し，幼児の生活の連続性，季節の変化などを考慮して，幼児の興味や関心，発達の実情などに応じて設定すること。
　　イ　環境は，具体的なねらいを達成するために適切なものとなるように構成し，幼児が自らその環境に関わることにより様々な活動を展開しつつ必要な体験を得られるようにすること。その際，幼児の生活する姿や発想を大切にし，常にその環境が適切なものとなるようにすること。
　　ウ　幼児の行う具体的な活動は，生活の流れの中で様々に変化するものであることに留意し，幼児が望ましい方向に向かって自ら活動を展開していくことができるよう必要な援助をすること。

　　　　その際，幼児の実態及び幼児を取り巻く状況の変化などに即して指導の過程についての評価を適切に行い，常に指導計画の改善を図るものとする。

　３　指導計画の作成上の留意事項（略）
　４　幼児理解に基づいた評価の実施
　　　幼児一人一人の発達の理解に基づいた評価の実施に当たっては，次の事項に配慮するものとする。
　(1)　指導の過程を振り返りながら幼児の理解を進め，幼児一人一人のよさや可能性などを把握し，指導の改善に生かすようにすること。その際，他の幼児との比較や一定の基準に対する達成度についての評定によって捉えるものではないことに留意すること。
　(2)　評価の妥当性や信頼性が高められるよう創意工夫を行い，組織的かつ計画的な取組を推進するとともに，次年度又は小学校等にその内容が適切に引き継がれるようにすること。

第５～第７（略）

第2章　ねらい及び内容
人間関係
〔他の人々と親しみ，支え合って生活するために，自立心を育て，人と関わる力を養う。〕
1　ねらい
　(1)　幼稚園生活を楽しみ，自分の力で行動することの充実感を味わう。
　(2)　身近な人と親しみ，関わりを深め，工夫したり，協力したりして一緒に活動する楽しさを味わい，愛情や信頼感をもつ。
　(3)　社会生活における望ましい習慣や態度を身に付ける。
2　内　容
　(1)　先生や友達と共に過ごすことの喜びを味わう。
　(2)　自分で考え，自分で行動する。
　(3)　自分でできることは自分でする。
　(4)　いろいろな遊びを楽しみながら物事をやり遂げようとする気持ちをもつ。
　(5)　友達と積極的に関わりながら喜びや悲しみを共感し合う。
　(6)　自分の思ったことを相手に伝え，相手の思っていることに気付く。
　(7)　友達のよさに気付き，一緒に活動する楽しさを味わう。
　(8)　友達と楽しく活動する中で，共通の目的を見いだし，工夫したり，協力したりなどする。
　(9)　よいことや悪いことがあることに気付き，考えながら行動する。
　(10)　友達との関わりを深め，思いやりをもつ。
　(11)　友達と楽しく生活する中できまりの大切さに気付き，守ろうとする。
　(12)　共同の遊具や用具を大切にし，皆で使う。
　(13)　高齢者をはじめ地域の人々などの自分の生活に関係の深いいろいろな人に親しみをもつ。
3　内容の取扱い
　上記の取扱いに当たっては，次の事項に留意する必要がある。
　(1)　教師との信頼関係に支えられて自分自身の生活を確立していくことが人と関わる基盤となることを考慮し，幼児が自ら周囲に働き掛けることにより多様な感情を体験し，試行錯誤しながら諦めずにやり遂げることの達成感や，前向きな見通しをもって自分の力で行うことの充実感を味わうことができるよう，幼児の行動を見守りながら適切な援助を行うようにすること。
　(2)　一人一人を生かした集団を形成しながら人と関わる力を育てていくようにすること。その際，集団の生活の中で，幼児が自己を発揮し，教師や他の幼児に認められる体験をし，自分のよさや特徴に気付き，自信をもって行動できるようにすること。
　(3)　幼児が互いに関わりを深め，協同して遊ぶようになるため，自ら行動する力を育てるようにするとともに，他の幼児と試行錯誤しながら活動を展開する楽しさや共通の目的が実現する喜びを味わうことができるようにすること。
　(4)　道徳性の芽生えを培うに当たっては，基本的な生活習慣の形成を図るとともに，幼児が他の幼児との関わりの中で他人の存在に気付き，相手を尊重する気持ちをもって行動できるようにし，また，自然や身近な動植物に親しむことなどを通して豊かな心情が育つようにすること。特に，人に対する信頼感や思いやりの気持ちは，葛藤やつまずきをも体験し，それらを乗り越えることにより次第に芽生えてくることに配慮すること。
　(5)　集団の生活を通して，幼児が人との関わりを深め，規範意識の芽生えが培われることを考慮し，幼児が教師との信頼関係に支えられて自己を発揮する中で，互いに思いを主張し，折り合いを付ける体験をし，きまりの必要性などに気付き，自分の気持ちを調整する力が育つようにすること。
　(6)　高齢者をはじめ地域の人々などの自分の生活に関係の深いいろいろな人と触れ合い，自分の感情や意志を表現しながら共に楽しみ，共感し合う体験を通して，これらの人々などに親しみをもち，人と関わることの楽しさや人の役に立つ喜びを味わうことができるようにすること。また，生活を通して親や祖父母などの家族の愛情に気付き，家族を大切にしようとする気持ちが育つようにすること。

保育所保育指針 (抄)（平成29年3月31日改正，平成30年4月1日施行）

平成29年厚生労働省告示第117号

第1章 総則

　この指針は，児童福祉施設の設備及び運営に関する基準（昭和23年厚生省令第63号。以下「設備運営基準」という。）第35条の規定に基づき，保育所における保育の内容に関する事項及びこれに関連する運営に関する事項を定めるものである。各保育所は，この指針において規定される保育の内容に係る基本原則に関する事項等を踏まえ，各保育所の実情に応じて創意工夫を図り，保育所の機能及び質の向上に努めなければならない。

1　保育所保育に関する基本原則
　(1)　保育所の役割（略）

　(2)　保育の目標
　　ア　保育所は，子どもが生涯にわたる人間形成にとって極めて重要な時期に，その生活時間の大半を過ごす場である。このため，保育所の保育は，子どもが現在を最も良く生き，望ましい未来をつくり出す力の基礎を培うために，次の目標を目指して行わなければならない。
　　　(ｱ)　十分に養護の行き届いた環境の下に，くつろいだ雰囲気の中で子どもの様々な欲求を満たし，生命の保持及び情緒の安定を図ること。
　　　(ｲ)　健康，安全など生活に必要な基本的な習慣や態度を養い，心身の健康の基礎を培うこと。
　　　(ｳ)　人との関わりの中で，人に対する愛情と信頼感，そして人権を大切にする心を育てるとともに，自主，自立及び協調の態度を養い，道徳性の芽生えを培うこと。
　　　(ｴ)　生命，自然及び社会の事象についての興味や関心を育て，それらに対する豊かな心情や思考力の芽生えを培うこと。
　　　(ｵ)　生活の中で，言葉への興味や関心を育て，話したり，聞いたり，相手の話を理解しようとするなど，言葉の豊かさを養うこと。
　　　(ｶ)　様々な体験を通して，豊かな感性や表現力を育み，創造性の芽生えを培うこと。
　　イ　保育所は，入所する子どもの保護者に対し，その意向を受け止め，子どもと保護者の安定した関係に配慮し，保育所の特性や保育士等の専門性を生かして，その援助に当たらなければならない。

（略）

第2章　保育の内容

1　乳児保育に関わるねらい及び内容
　(1)　基本的事項
　　ア　乳児期の発達については，視覚，聴覚などの感覚や，座る，はう，歩くなどの運動機能が著しく発達し，特定の大人との応答的な関わりを通じて，情緒的な　絆（きずな）が形成されるといった特徴がある。これらの発達の特徴を踏まえて，乳児保育は，愛情豊かに，応答的に行われることが特に必要である。
　　イ　本項においては，この時期の発達の特徴を踏まえ，乳児保育の「ねらい」及び「内容」については，身体的発達に関する視点「健やかに伸び伸びと育つ」，社会的発達に関する視点「身近な人と気持ちが通じ合う」及び精神的発達に関する視点「身近なものと関わり感性が育つ」としてまとめ，示している。
　　ウ　本項の各視点において示す保育の内容は，第1章の2に示された養護における「生命の保持」及び「情緒の安定」に関わる保育の内容と，一体となって展開されるものであることに留意が必要である。
　(2)　ねらい及び内容

ア　健やかに伸び伸びと育つ
　健康な心と体を育て，自ら健康で安全な生活をつくり出す力の基盤を培う。
　(ア)　ねらい
　　①　身体感覚が育ち，快適な環境に心地よさを感じる。
　　②　伸び伸びと体を動かし，はう，歩くなどの運動をしようとする。
　　③　食事，睡眠等の生活のリズムの感覚が芽生える。
　(イ)　内　容
　　①　保育士等の愛情豊かな受容の下で，生理的・心理的欲求を満たし，心地よく生活をする。
　　②　一人一人の発育に応じて，はう，立つ，歩くなど，十分に体を動かす。
　　③　個人差に応じて授乳を行い，離乳を進めていく中で，様々な食品に少しずつ慣れ，食べることを楽しむ。
　　④　一人一人の生活のリズムに応じて，安全な環境の下で十分に午睡をする。
　　⑤　おむつ交換や衣服の着脱などを通じて，清潔になることの心地よさを感じる。
　(ウ)　内容の取扱い
　　上記の取扱いに当たっては，次の事項に留意する必要がある。
　　①　心と体の健康は，相互に密接な関連があるものであることを踏まえ，温かい触れ合いの中で，心と体の発達を促すこと。特に，寝返り，お座り，はいはい，つかまり立ち，伝い歩きなど，発育に応じて，遊びの中で体を動かす機会を十分に確保し，自ら体を動かそうとする意欲が育つようにすること。
　　②　健やかな心と体を育てるためには望ましい食習慣の形成が重要であることを踏まえ，離乳食が完了期へと徐々に移行する中で，様々な食品に慣れるようにするとともに，和やかな雰囲気の中で食べる喜びや楽しさを味わい，進んで食べようとする気持ちが育つようにすること。なお，食物アレルギーのある子どもへの対応については，嘱託医等の指示や協力の下に適切に対応すること。
イ　身近な人と気持ちが通じ合う
　受容的・応答的な関わりの下で，何かを伝えようとする意欲や身近な大人との信頼関係を育て，人と関わる力の基盤を培う。
　(ア)　ねらい
　　①　安心できる関係の下で，身近な人と共に過ごす喜びを感じる。
　　②　体の動きや表情，発声等により，保育士等と気持ちを通わせようとする。
　　③　身近な人と親しみ，関わりを深め，愛情や信頼感が芽生える。
　(イ)　内　容
　　①　子どもからの働きかけを踏まえた，応答的な触れ合いや言葉がけによって，欲求が満たされ，安定感をもって過ごす。
　　②　体の動きや表情，発声，喃語（なんご）等を優しく受け止めてもらい，保育士等とのやり取りを楽しむ。
　　③　生活や遊びの中で，自分の身近な人の存在に気付き，親しみの気持ちを表す。
　　④　保育士等による語りかけや歌いかけ，発声や喃語等への応答を通じて，言葉の理解や発語の意欲が育つ。
　　⑤　温かく，受容的な関わりを通じて，自分を肯定する気持ちが芽生える。
　(ウ)　内容の取扱い
　　上記の取扱いに当たっては，次の事項に留意する必要がある。
　　①　保育士等との信頼関係に支えられて生活を確立していくことが人と関わる基盤となることを考慮して，子どもの多様な感情を受け止め，温かく受容的・応答的に関わり，一人一人に応じた適切な援助を行うようにすること。
　　②　身近な人に親しみをもって接し，自分の感情などを表し，それに相手が応答する言葉を聞くことを通して，次第に言葉が獲得されていくことを考慮して，楽しい雰囲気の中での保育士等との関わり合いを大切にし，ゆっくりと優しく話しかけるなど，積極的に言葉のやり取りを楽しむことができるようにすること。

ウ 身近なものと関わり感性が育つ
　身近な環境に興味や好奇心をもって関わり，感じたことや考えたことを表現する力の基盤を培う。
(ア) ねらい
① 身の回りのものに親しみ，様々なものに興味や関心をもつ。
② 見る，触れる，探索するなど，身近な環境に自分から関わろうとする。
③ 身体の諸感覚による認識が豊かになり，表情や手足，体の動き等で表現する。
(イ) 内容
① 身近な生活用具，玩具や絵本などが用意された中で，身の回りのものに対する興味や好奇心をもつ。
② 生活や遊びの中で様々なものに触れ，音，形，色，手触りなどに気付き，感覚の働きを豊かにする。
③ 保育士等と一緒に様々な色彩や形のものや絵本などを見る。
④ 玩具や身の回りのものを，つまむ，つかむ，たたく，引っ張るなど，手や指を使って遊ぶ。
⑤ 保育士等のあやし遊びに機嫌よく応じたり，歌やリズムに合わせて手足や体を動かして楽しんだりする。
(ウ) 内容の取扱い
　上記の取扱いに当たっては，次の事項に留意する必要がある。
① 玩具などは，音質，形，色，大きさなど子どもの発達状態に応じて適切なものを選び，その時々の子どもの興味や関心を踏まえるなど，遊びを通して感覚の発達が促されるものとなるように工夫すること。なお，安全な環境の下で，子どもが探索意欲を満たして自由に遊べるよう，身の回りのものについては，常に十分な点検を行うこと。
② 乳児期においては，表情，発声，体の動きなどで，感情を表現することが多いことから，これらの表現しようとする意欲を積極的に受け止めて，子どもが様々な活動を楽しむことを通して表現が豊かになるようにすること。
(3) 保育の実施に関わる配慮事項（略）

2　1歳以上3歳未満児の保育に関わるねらい及び内容
(1) 基本的事項
ア　この時期においては，歩き始めから，歩く，走る，跳ぶなどへと，基本的な運動機能が次第に発達し，排泄（はいせつ）の自立のための身体的機能も整うようになる。つまむ，めくるなどの指先の機能も発達し，食事，衣類の着脱なども，保育士等の援助の下で自分で行うようになる。発声も明瞭になり，語彙も増加し，自分の意思や欲求を言葉で表出できるようになる。このように自分でできることが増えてくる時期であることから，保育士等は，子どもの生活の安定を図りながら，自分でしようとする気持ちを尊重し，温かく見守るとともに，愛情豊かに，応答的に関わることが必要である。
イ　本項においては，この時期の発達の特徴を踏まえ，保育の「ねらい」及び「内容」について，心身の健康に関する領域「健康」，人との関わりに関する領域「人間関係」，身近な環境との関わりに関する領域「環境」，言葉の獲得に関する領域「言葉」及び感性と表現に関する領域「表現」としてまとめ，示している。
ウ　本項の各領域において示す保育の内容は，第1章の2に示された養護における「生命の保持」及び「情緒の安定」に関わる保育の内容と，一体となって展開されるものであることに留意が必要である。
(2) ねらい及び内容

（略）

イ　人間関係

他の人々と親しみ，支え合って生活するために，自立心を育て，人と関わる力を養う。
(ア) ねらい
① 保育所での生活を楽しみ，身近な人と関わる心地よさを感じる。
② 周囲の子ども等への興味や関心が高まり，関わりをもとうとする。
③ 保育所の生活の仕方に慣れ，きまりの大切さに気付く。
(イ) 内容
① 保育士等や周囲の子ども等との安定した関係の中で，共に過ごす心地よさを感じる。
② 保育士等の受容的・応答的な関わりの中で，欲求を適切に満たし，安定感をもって過ごす。
③ 身の回りに様々な人がいることに気付き，徐々に他の子どもと関わりをもって遊ぶ。
④ 保育士等の仲立ちにより，他の子どもとの関わり方を少しずつ身につける。
⑤ 保育所の生活の仕方に慣れ，きまりがあることや，その大切さに気付く。
⑥ 生活や遊びの中で，年長児や保育士等の真似をしたり，ごっこ遊びを楽しんだりする。
(ウ) 内容の取扱い
上記の取扱いに当たっては，次の事項に留意する必要がある。
① 保育士等との信頼関係に支えられて生活を確立するとともに，自分で何かをしようとする気持ちが旺盛になる時期であることに鑑み，そのような子どもの気持ちを尊重し，温かく見守るとともに，愛情豊かに，応答的に関わり，適切な援助を行うようにすること。
② 思い通りにいかない場合等の子どもの不安定な感情の表出については，保育士等が受容的に受け止めるとともに，そうした気持ちから立ち直る経験や感情をコントロールすることへの気付き等につなげていけるように援助すること。
③ この時期は自己と他者との違いの認識がまだ十分ではないことから，子どもの自我の育ちを見守るとともに，保育士等が仲立ちとなって，自分の気持ちを相手に伝えることや相手の気持ちに気付くことの大切さなど，友達の気持ちや友達との関わり方を丁寧に伝えていくこと。

就学前の子どもに関する教育，保育等の総合的な提供の推進に関する法律（抄）
（平成29年4月26日法律第25号改正，平成30年4月1日施行）
平成18年法律第77号

第三章　幼保連携型認定こども園
（教育及び保育の目標）
第九条　幼保連携型認定こども園においては，第二条第七項に規定する目的を実現するため，子どもに対する学校としての教育及び児童福祉施設（児童福祉法第七条第一項に規定する児童福祉施設をいう。次条第二項において同じ。）としての保育並びにその実施する保護者に対する子育て支援事業の相互の有機的な連携を図りつつ，次に掲げる目標を達成するよう当該教育及び当該保育を行うものとする。
一　健康，安全で幸福な生活のために必要な基本的な習慣を養い，身体諸機能の調和的発達を図ること。
二　集団生活を通じて，喜んでこれに参加する態度を養うとともに家族や身近な人への信頼感を深め，自主，自律及び協同の精神並びに規範意識の芽生えを養うこと。
三　身近な社会生活，生命及び自然に対する興味を養い，それらに対する正しい理解と態度及び思考力の芽生えを養うこと。
四　日常の会話や，絵本，童話等に親しむことを通じて，言葉の使い方を正しく導くとともに，相手の話を理解しようとする態度を養うこと。
五　音楽，身体による表現，造形等に親しむことを通じて，豊かな感性と表現力の芽生えを養うこと。
六　快適な生活環境の実現及び子どもと保育教諭その他の職員との信頼関係の構築を通じて，心身の健康の確保及び増進を図ること。

■ 編著者 　　　　　　　　　　　　　　　　　　　　　　　　（執筆担当）

田代　和美（たしろ　かずみ）　　和洋女子大学人文学部教授　　　　　　　第2・10章

榎本　眞実（えのもと　まみ）　　東京家政大学短期大学部准教授　　　　　第13・15章

■ 著　者（50音順）

梅田　優子（うめだ　ゆうこ）　　新潟県立大学人間生活学部教授　　　　　第7・12章

小倉　定枝（おぐら　さだえ）　　千葉経済大学短期大学部教授　　　　　　第3章

片川　智子（かたかわ　ともこ）　鶴見大学短期大学部准教授　　　　　　　第5・6章

金澤　妙子（かなざわ　たえこ）　大東文化大学文学部教授　　　　　　　　第14章

金　瑛珠（きむ　よんじゅ）　　　鶴見大学短期大学部教授　　　　　　　　第4・5章

髙橋　優子（たかはし　ゆうこ）　洗足こども短期大学幼児教育保育科講師　第1章

髙橋　陽子（たかはし　ようこ）　お茶の水女子大学附属幼稚園　　　　　　第9章

矢萩　恭子（やはぎ　やすこ）　　和洋女子大学人文学部教授　　　　　　　第8章

吉岡　晶子（よしおか　あきこ）　十文字学園女子大学非常勤講師　　　　　第11章

演習 保育内容「人間関係」
―基礎的事項の理解と指導法―

2019年（平成31年） 4月15日　初版発行
2025年（令和7年） 1月20日　第7刷発行

編著者　田代和美
　　　　榎本眞実

発行者　筑紫和男

発行所　株式会社 建帛社 KENPAKUSHA

〒112-0011　東京都文京区千石4丁目2番15号
TEL（03）3944-2611
FAX（03）3946-4377
https://www.kenpakusha.co.jp/

ISBN 978-4-7679-5100-3　C3037　　　中和印刷／常川製本
©田代和美・榎本眞実ほか，2019.　　　Printed in Japan
（定価はカバーに表示してあります）

本書の複製権・翻訳権・上映権・公衆送信権等は株式会社建帛社が保有します。
JCOPY 〈出版者著作権管理機構 委託出版物〉
本書の無断複製は著作権法上での例外を除き禁じられています。複製される場合は，そのつど事前に，出版者著作権管理機構（TEL03-5244-5088, FAX03-5244-5089, e-mail：info@jcopy.or.jp）の許諾を得て下さい。